DES MILLE ET UNE FAÇONS D'ÊTRE JUIF OU MUSULMAN

DELPHINE HORVILLEUR
RACHID BENZINE

DES MILLE ET UNE FAÇONS D'ÊTRE JUIF OU MUSULMAN

Dialogue

Avec le concours de Jean-Louis Schlegel

ÉDITIONS DU SEUIL
25, bd Romain-Rolland, Paris XIVe

ISBN 978-2-02-134930-6

www.seuil.com

Ouverture

Pourquoi ce livre ?

Celles et ceux qui écrivent et publient des livres se posent régulièrement la question : « À quoi cela sert-il ? Avons-nous quelque chose de si important à partager ? Ne faut-il pas être prétentieux pour l'imaginer ou pour le croire ? Il y a déjà tant et tant d'ouvrages sur le marché ! » Or, il se trouve que nous sommes, l'une et l'autre, des « gens du livre », en ce sens que nous avons grandi et que nous nous sommes formés au contact de nombreux livres et grâce à eux. Quelques grandes œuvres nous ont particulièrement façonnés, mais aussi quelques livres de moindre importance qui, pourtant, à un moment de notre histoire, ont joué un rôle. En écrivant et en publiant à notre tour, nous payons une dette, d'une certaine manière, à ces auteurs auxquels nous sommes redevables de beaucoup plus, sans doute, que nous ne pouvons le penser ; et nous nous inscrivons dans leur sillage.

« Gens du Livre » – avec un grand « L » cette fois –, nous le sommes aussi tous deux parce que nous nous sommes laissé saisir, l'une et l'autre, avec une égale intensité, une semblable passion, par cette Bible et ce Coran reçus en héritage de nos familles et que nous nous sommes appropriés. Bible pour l'une, Coran pour l'autre dans un premier temps ; mais aussi Bible et Coran pour l'une et l'autre car, chacun, à des moments différents, s'est senti interpellé par le texte de l'« autre » et s'en est saisi un peu comme s'il était sien. En tout cas, nous avons vite compris que ces deux « Livres » (ensemble de livres pour la Bible, commentés par le Talmud, livre unique pour le Coran) n'étaient pas étrangers l'un à l'autre, ne pouvaient pas l'être, et qu'il importait que nous fassions dialoguer ensemble leurs textes, leurs traditions de lecture et leurs lecteurs.

Intervenant l'une et l'autre sur la scène intellectuelle et médiatique française et sur des thèmes assez semblables, il était inévitable que nous ayons envie de nous rencontrer et que nous y parvenions un jour. Cela s'est passé en novembre 2014, quand nous avons été invités à dialoguer en compagnie du philosophe catholique Jean-Luc Marion, au « Forum *Le Monde*-Le Mans ». D'autres occasions se sont offertes ensuite, en particulier autour d'un numéro de la revue *Tenou'a* que dirige Delphine, consacré à « Isaac et Ismaël ». Et puis est venue cette proposition des éditions du Seuil de nous réunir en vue du présent livre, pour parler ensemble de questions importantes pour le judaïsme et pour l'islam : le rapport à l'histoire, à la terre, à la politique, à la filiation, à l'héritage, à Dieu… Que soient remerciés ici Jean-Louis Schlegel et Elsa Rosenberger qui ont été les organisateurs et les « facilitateurs » de ce dialogue.

Nous avons sensiblement le même âge, et nous avons chacun suivi des chemins sinueux avant de nous « installer », l'une dans les fonctions de rabbin du Mouvement juif libéral de France, l'autre dans celles d'un universitaire, islamologue intervenant auprès de différents publics : médecine et journalisme pour Delphine, sciences économiques, sciences politiques et histoire pour Rachid… L'une est porteuse de la mémoire millénaire du peuple juif et de la blessure toujours vive de la Shoah, l'autre de l'héritage arabo-berbère du Maroc et des meurtrissures toujours présentes de la colonisation. Évidemment, l'une est femme et l'autre homme, et ce n'est pas une mince différence. L'une est « ministre du culte », comme l'on dit en France, et l'autre n'a pas de responsabilité religieuse. L'une est juive (et il vaut mieux qu'un rabbin le soit !), l'autre musulman… mais il y a « mille et une façons d'être juif ou musulman » !

Juive ou musulman, justement, nous le sommes chacun de manière singulière… comme tout juif et tout musulman. Être femme rabbin s'avère une exception dans le monde juif français, resté très conservateur pour de multiples raisons (il n'en existe actuellement que trois, officiant toutes dans le courant libéral). Être juive libérale en France est aussi une forme d'exception, dès lors que cette sensibilité demeure minoritaire dans notre pays, le courant s'affichant comme orthodoxe étant largement dominant au sein des institutions qui s'expriment au nom des juifs de France. Mais il n'en va pas de même dans d'autres pays, particulièrement aux États-Unis, où le courant libéral est très important.

Dans la grande famille de l'islam, il n'y a pas de courants institués qui se répartiraient en courant libéral et en courant orthodoxe, tout simplement parce qu'il n'y a pas eu, à proprement parler, de mouvement de réforme apparu de manière clivante dans l'histoire de cette religion, même s'il y a eu de grandes ruptures au sein de la *Oumma*, la « Communauté », en particulier la grande séparation politique puis théologique entre chiites et sunnites, qui s'est produite à l'aube de l'islam et, au tournant des XIXe et XXe siècles, ce qu'on a appelé le « réformisme musulman ». Cela n'empêche pas que des « libéraux » et des « conservateurs » existent aussi en islam, et Rachid s'inscrit naturellement dans le premier groupe. Le fait qu'il soit un intellectuel musulman qui ne craint pas d'appliquer les sciences humaines pour une meilleure intelligence du Coran le singularise autant, dans le « paysage » musulman français, qu'être une femme rabbin pour Delphine dans le « paysage » juif français. Mais la parole de l'une et de l'autre, et l'actualité de l'une et de l'autre rejoignent les gens bien au-delà de petits cercles que certains peuvent imaginer. Inscrits dans des positionnements encore minoritaires, nous nous apercevons l'une et l'autre que nos recherches, nos travaux, nos prises de position sont reçus avec gratitude par beaucoup de ceux qui s'interrogent sur leur religion et son rapport au reste du monde. C'est ce qui nous fait vivre. C'est ce qui justifie le présent ouvrage.

L'une et l'autre – le lecteur pourra le constater s'il n'en est pas déjà informé –, nous revendiquons la liberté de la recherche et de la parole religieuses : une liberté responsable, qui prend en charge les questions et affronte les conflits de l'heure, une liberté pour tous et, évidemment, pour toutes. Or de nos jours, nous ne le savons tous que trop, on observe partout la poussée des fondamentalismes, de mouvements identitaires qui se prévalent de traditions anciennes qu'ils croient pouvoir faire remonter aux origines de leur foi. Cette évolution historique, pour laquelle seul le passé ferait loi, est évidemment préoccupante, car elle favorise le retour des obscurantismes, conduit à l'entre-soi et au rejet – parfois meurtrier – des « autres ». Devant ce mouvement de fond (qui touche judaïsme comme islam, hindouisme et bouddhisme comme christianisme…), il nous revient donc de démonter, en la démontrant, l'« idolâtrie de la lettre », celle du littéralisme dans la lecture des textes. Démonter la mythologie du passé historique « pur » et sans mélange que nous serions condamnés à reproduire sans innovation. Démonter la pensée selon laquelle être fidèle à sa religion, ce serait sans cesse cultiver l'« identique » de siècle en siècle. Car nous en sommes convaincus : être « héritier » ne consiste pas à mettre ce qui a été reçu dans un coffre fermé à clé, mais à le faire fructifier ; de même, cela ne consiste pas à reproduire à l'identique ce qui a été obtenu, mais à le renouveler. Autrement dit, il s'agit de se montrer « fidèlement infidèles » comme y incite, en particulier, la pensée de Jacques Derrida. Nous pouvons affirmer nous aussi ce paradoxe parce que, l'une et l'autre, nous considérons, évidemment, être des héritiers. L'une et l'autre nous nous inscrivons dans une généalogie intellectuelle et spirituelle. Nous avons eu nos maîtres et guides, que nous ne pouvons tous citer. On retiendra en particulier les rabbins David Ellenson, Lawrence Hoffman, Haïm Korsia, Marc-Alain Ouaknin, Rivon Krygier, Norman Cohen, Pauline Bebe pour Delphine, Nasr Hamid Abû Zayd, Mohammed Arkoun, Françoise Florentin Smyth et Jacqueline Chabbi pour Rachid, qui eux-mêmes s'inscrivaient dans la suite d'autres maîtres.

Impliqués l'une et l'autre dans la vie de la cité, nous sommes convaincus que le « débat religieux » peut être fécond pour le débat national. Encore faut-il que les gens puissent acquérir des connaissances et des outils d'apprentissage ! Car ceux qui ne cessent de mettre du « religieux » partout dans leur vie comme ceux qui dénoncent à n'en plus finir le « retour du religieux » font souvent preuve de beaucoup d'ignorance : ignorance de leur propre foi, de leur propre tradition et de leurs histoires, ignorance de la foi, des traditions des « autres » et de leurs histoires. Nous en appelons, de ce fait – et c'est ce que nous mettons en pratique –, à une approche critique et scientifique de nos textes et de nos traditions, qui ne soit pas dénigrement de la foi des uns ou des autres, mais qui apporte des énergies et des éclairages nouveaux pour un « vivre-ensemble » toujours à reconstruire.

Bien entendu, nous ne saurions être les meilleurs juges de ce que nous avons partagé et écrit. Nous espérons simplement que notre parole libre et résolument fraternelle fera surgir beaucoup d'autres paroles libres et fraternelles !

Rachid Benzine et Delphine Horvilleur

Chapitre 1

Quand l'histoire bouscule la tradition

Histoire et tradition

Jean-Louis Schlegel

Quelle que soit la part d'inconnu, de mystère – disons-le : de mythique dans leur origine –, les monothéismes juif, chrétien, musulman sont nés à un moment de l'histoire, sont marqués par elle, donc aussi par le devenir et l'avenir de l'humanité. Pourtant, beaucoup de croyants semblent mal vivre le rapport à l'actualité historique, se montrent allergiques à tout changement et défendent bec et ongles la « tradition », la « coutume », ou ce qu'ils appellent ainsi. Comment ressentez-vous le défi de l'histoire dans le judaïsme et dans l'islam aujourd'hui ?

Delphine Horvilleur

Cela m'évoque d'abord un souvenir personnel. Quand j'ai rejoint l'École rabbinique, le directeur du séminaire m'a annoncé que les cours de « théologie » – je mets ce mot entre guillemets, car il n'est pas très juif – seraient tous dispensés pendant le cours d'histoire. Selon le principe que la théologie, c'est-à-dire la façon dont on parle du divin ou de la croyance, c'est d'abord cela : un reflet de l'histoire et du contexte particulier que les hommes traversent, reflet qui structure leurs croyances et leur langage. Cette position libérale, très peu orthodoxe dans le judaïsme, m'a convaincue de m'inscrire dans cette formation rabbinique plutôt que dans une autre. J'ai pensé alors que je devais rejoindre une sensibilité juive qui admettait que la pensée se développe dans le temps, qu'il y a une révélation continue dans notre tradition, que le temps n'est pas étranger à la Loi, à son évolution et à son exégèse.

Ce rapport à l'histoire nourrit beaucoup mon engagement rabbinique et mon rapport à la Loi et au texte. Mais encore une fois, cette position s'éloigne de l'orthodoxie stricte ou d'une tradition qui récuse l'idée d'une évolution du judaïsme dans le temps et voit dans la Loi un absolu intemporel.

JLS

Pour préciser un peu : est-ce que vous diriez que la Révélation dont Moïse, dans la Bible, et Muhammad, dans le Coran, sont les prophètes se poursuit aujourd'hui à travers l'histoire ? Pensez-vous que tout n'est pas encore révélé ou bien diriez-vous qu'il faut réinterpréter, pour chaque époque, une révélation qui a eu lieu il y a très longtemps ?

DH

Je considère la Révélation, c'est-à-dire l'événement du don de la Loi, la Torah, qui, selon les juifs, a eu lieu au mont Sinaï[1], comme le moment par excellence de ren-

1. Voir le livre de l'Exode.

contre avec le divin, comme un événement « enceint » de mille autres révélations qui continuent au cours du temps. Une légende rabbinique – peut-être ma préférée parmi toutes – raconte qu'au mont Sinaï, ce jour de la Révélation, donc au moment où Dieu se décide à donner la Loi aux hommes, il demande aux femmes enceintes d'aller en haut de la montagne. Elles y seraient allées et, chose inouïe – on dirait presque un film de science-fiction ! –, leurs ventres seraient devenus transparents, comme des aquariums. Dieu se serait alors adressé aux fœtus en leur disant : « Je suis l'Éternel, ton Dieu, qui t'a fait sortir d'Égypte. » Puis il aurait énoncé à leur intention l'ensemble des dix commandements : « Tu ne voleras point », et les fœtus auraient répondu : « Non ! » ; « Tu ne convoiteras pas le bien de ton prochain », et les fœtus auraient encore répondu : « Non ! » Cette légende rabbinique raconte à travers une métaphore magnifique que l'alliance nouée au mont Sinaï n'est pas seulement un événement du passé, un souvenir collectif que l'on se transmet, mais une alliance contractée entre l'Éternel et les générations à venir. C'est comme si une rencontre avait eu lieu dans le passé avec des générations en gestation, comme si nous avions engagé alors une conversation avec Dieu à travers le ventre transparent de nos ancêtres.

Or, si l'on suggère que la révélation au mont Sinaï n'est pas tant un événement du passé que de notre propre présent, comme aiment le dire les rabbins du Talmud, alors la légende rapporte quelque chose d'un événement encore en cours aujourd'hui, d'une conversation entre Dieu et l'avenir, à travers nos ventres transparents. Quelque chose relie les générations entre elles, qui fait que cet événement de Révélation ne peut jamais être perçu comme un simple moment du passé, mais toujours à la fois comme un événement présent et un événement à venir. Ce dialogue entre les temps permet tout à coup une lecture de la Révélation et de la Loi qui transcende l'histoire, tout en restant de plain-pied en elle puisque Révélation et Loi dépendent de l'avènement des générations futures.

JLS

Et quand un musulman entend le mot « histoire » ?

Rachid Benzine

Il n'y a pas une seule « façon musulmane » de concevoir le rapport à l'histoire, et particulièrement le rapport entre histoire et révélation : on en trouve plusieurs dans la tradition. Mais le terme « révélation » est-il le meilleur pour définir la délivrance du Coran ? On trouve en effet, dans le vocabulaire arabe coranique, une double terminologie, qui inscrit cette parole devenue texte dans son contexte culturel d'apparition : il s'agit des mots *wahî* et *tanzîl*.

Le terme *wahî* renvoie à un bruit lointain, comme un roulement de tonnerre assourdi ou des paroles entendues au loin et donc indistinctes, sauf pour celui qui en est le destinataire. C'était le mode de réception que l'on prêtait aux inspirés locaux, c'est-à-dire aux devins. Muhammad est d'ailleurs accusé par les siens d'être un devin (52, 29)[1], mais un devin mal inspiré car il serait possédé par un *djinn* malfaisant.

Le second terme est celui du *tanzîl* ou de l'*inzâl*. Cela renvoie à l'image, très prégnante dans le monde tribal,

1. Les références entre parenthèses dans les interventions de Rachid Benzine se rapportent au Coran et désignent une sourate et un verset.

d'une descente semblable à celle de la pluie qui rend la terre vivante, la réanime lorsqu'elle est morte, dépourvue de toute trace de végétation. L'eau utile est vue comme descendant de réservoirs célestes. Le Coran fait d'Allah le maître de la course des nuages (35, 9). C'est lui qui décide d'arroser ou non la terre de telle ou telle tribu. Il faut savoir que les nomades suivaient les nuages, quand ils pensaient que ceux-ci étaient chargés de l'eau bénéfique : ils jouaient les « chasseurs de pluie » pour repérer l'endroit où elle tomberait, afin d'y amener leurs troupeaux quand le pâturage aurait poussé.

JLS

C'est donc dans une histoire très concrète que la Révélation coranique prend corps, pour ainsi dire, avec une grande importance de l'environnement naturel.

RB

Oui, et il faut toujours le rappeler à ceux qui veulent faire de l'événement coranique quelque chose d'anhistorique, ou de transhistorique avant l'heure. Parler d'histoire, en tout cas au sens moderne, c'est « découper » le temps pour ne pas confondre les sociétés, les imaginaires, les pensées, pour distinguer. Il faut donc cesser de poser la question générale ou universelle : « Que dit l'islam ? » Car non seulement le Coran est situé dans une histoire, mais il y a une histoire de l'interprétation : selon les penseurs, leur époque, la société à laquelle ils appartiennent, la réponse sur ce qu'est et ce que dit le Coran ne saurait être la même.

L'islam a été et demeure ce qu'en a fait, en fait, en fera le lecteur et le croyant du Coran. C'est l'*usage* du mot qu'il faut questionner. Il faut donc s'interroger sur l'usager en tant que personne située dans le temps et dans l'espace, comme acteur social appartenant à une époque et à un lieu. Il faut « historiciser » l'usager. Le mot « islam » n'a aucun sens s'il n'est pas décrypté selon le paradigme d'une société, s'il n'est pas « anthropologisé ». Il faut donc se garder de donner une définition du type : « l'islam, c'est une religion », « une culture » ; ou encore – dérive « essentialiste » très actuelle – qu'il serait par définition violent, rétrograde, mystique, pacifique… Au VIIe siècle de notre ère, l'islam n'est pas encore la religion dogmatique qui se construira deux siècles plus tard. Dans le cadre de la société de Muhammad, le terme « islam » renvoie surtout à l'idée de mettre sa vie sous la sauvegarde de Dieu.

Tous les savants et intellectuels musulmans n'appréhendent certes pas la Révélation de la même manière. Les traditionalistes eux-mêmes l'ont abordée diversement. Est-ce que Dieu a « donné » quelque chose, et quoi ? Comment s'est faite cette « communication » de Dieu aux hommes ? Il y a aussi plusieurs « acteurs » : Dieu, l'ange Gabriel qu'il envoie, le prophète Muhammad qui reçoit sa dictée… Est-ce que Muhammad a reçu la Révélation dans sa littéralité, ou est-ce qu'il en a reçu seulement la signification, qu'il a ensuite traduite en langue arabe ?

Il faut impérativement distinguer l'histoire comme discipline rigoureuse et le savoir qui relève de l'histoire sainte ou religieuse, c'est-à-dire le récit transmis par la tradition. Ainsi, l'historien, quelle que soit son appartenance, fera la distinction entre l'histoire sacrée – celle-là même que les musulmans tiennent pour *leur* histoire – et l'histoire, discipline des sciences humaines.

JLS

Est-ce que, du point de vue de l'histoire comme discipline, quelque chose vous paraît plus important à retenir dans la tradition musulmane ?

RB

Par exemple, rappeler que le mot Coran a le sens premier de « récitation ». Selon une partie de la tradition musulmane, sa délivrance aux hommes a commencé par l'injonction *iqra'*, qui veut dire : « Récite/Proclame ! » « Récite/Proclame le nom de ton Seigneur qui a créé », dit le texte (96, 1). Mais réciter suppose d'abord l'écoute, laquelle me semble décisive dans la tradition musulmane. L'écoute y vient avant la parole, car avant de prendre la parole, je dois commencer par écouter, intérioriser. Nous ne prenons la parole qu'en réponse à ce qui s'adresse à nous. Nous advenons en réponse à ce qui nous appelle et nous fonde. C'est pourquoi l'être humain ne se définit pas d'abord comme être de parole, mais plutôt comme être de/en réponse.

Par ailleurs, pour lire le Coran, il faut, selon les musulmans, connaître peu ou prou la tradition islamique ou la tradition prophétique, car elle donne des clés pour l'interprétation. Par exemple, quand il est dit : « Récite/Proclame le nom de ton Seigneur », la tradition musulmane présuppose ce qu'on appelle un « récit cadre », qui raconte le séjour du Prophète, âgé de quarante ans, dans la grotte de Hira[1] où se serait produit le phénomène de révélation.

1. La grotte se trouve sur le Jabal al-Nour, une montagne culminant à 642 m, située à peu près à 4 km au nord-ouest de La Mecque.

C'est à partir de ce qui a été raconté et écrit après sur les circonstances de cette révélation que le musulman entend et comprend le « Récite ! », si fortement fondateur dans la tradition musulmane. Il y a donc des présupposés, des filtres, pour lire le Coran, transmis par la tradition. Tout cela, c'est l'« histoire sainte », et j'ai grandi dans cette histoire sainte.

JLS

Oui, bien sûr, il est capital de rappeler cet aspect existentiel, avec un imaginaire des origines. L'islam vécu n'est pas une abstraction : ce sont des croyants qui prient, travaillent, ont une famille, et qui sont en effet pris dans un récit antérieur à toute connaissance historique moderne…

RB

J'ai été confronté plus tard à l'histoire au sens moderne, c'est-à-dire à l'histoire critique du passé. J'ai compris que les choses ne s'étaient pas déroulées comme les raconte l'histoire sainte. Que si l'histoire sainte reflétait les besoins et l'esprit des sociétés qui l'ont patiemment construite, elle restait tributaire des objectifs de cette société et ne pouvait en aucun cas être prise pour de l'histoire. Les récits de la tradition (au VIIIe et surtout aux IXe et Xe siècles) sont postérieurs à l'événement fondateur et surchargés de sacré, d'idéalisation. Ils sont reconstruits en fonction d'enjeux idéologiques du temps de leurs auteurs. Le but des chroniqueurs n'est pas forcément de falsifier l'histoire, mais de « produire un passé convaincant donnant du sens à un présent transformé », selon le spécialiste de l'histoire de l'islam médiéval Antoine Borrut. La maîtrise de la mémoire est un enjeu de pouvoir qui n'est pas propre à l'histoire de l'islam ; créant des liens avec un passé présenté comme prestigieux, l'écriture de l'histoire correspond toujours aux « besoins de légitimation de tout pouvoir politique », comme l'ont montré des historiens tels que Jacques Le Goff et Paul Veyne.

JLS

Pouvez-vous préciser un peu la notion d'« écoute » que vous avez mise en avant ?

RB

Sans un public, le Coran cesse d'être le Coran. En tant que révélation, il est récité par la voix humaine et entendu par l'oreille humaine. En dernière instance, le message doit à la fois être entendu et compris par le « cœur », le Coran le dit littéralement[1]. Cette manière de voir se base sur un présupposé fondamental : le Coran comme révélation requiert un public d'auditeurs et d'orateurs. En d'autres termes, une communauté est partie intégrante de l'événement de révélation. Ce n'est pas un public passif, mais un public interactif, qui s'engage dans une révélation performative. Si l'on ne prend pas ce public et cette communauté au sérieux, on n'a implicitement pas pris la révélation au sérieux.

Pour que le Coran soit révélateur, c'est-à-dire qu'il signifie vers l'avant, il faut qu'il ait en aval une communauté de lecteurs. En ce sens, je me retrouve dans ce que dit Delphine lorsqu'elle relève que tout texte ancien, et

1. Le cœur, dans le Coran, n'est pas le siège des sentiments, mais du raisonnement et de l'intelligence des situations qui conduisent à prendre les bonnes décisions.

même récent, est « enceint », finalement, de nouveaux sens. Une tendance de la recherche musulmane contemporaine consiste à laisser parler la voix souveraine du Coran, le « Coran dit que », sans que la communauté du Coran ne parle ni n'interagisse avec lui dans des « conversations » qui transforment la vie. De la préoccupation exagérée pour la souveraineté du texte sans communauté du texte, on passe alors à la chosification du texte, qui a malheureusement le vent en poupe au-delà des « savants », chez le tout-venant musulman. Ce que beaucoup de musulmans ne parviennent pas à discerner, c'est que le Coran n'est pas Dieu ; la parole de Dieu ne peut jamais être Dieu, et l'imaginer telle soulève certainement des problèmes très sérieux de nature théologique. C'est une forme de fétichisme, d'idolâtrie.

Reconnaître qu'on est héritier

JLS

Oui, mais où est Dieu s'il n'est pas dans sa parole ?

RB

Situer le Coran dans l'histoire, cela veut aussi dire penser ce qu'on appelle l'« historicité » du divin. La Révélation n'est pas simplement un événement qui se passe à un moment donné dans l'histoire : ce sont des représentations du divin inscrites dans une culture et une langue. Que deviennent ces énonciations, ces énoncés culturels dans un monde où il faut « penser » Dieu ? C'est peut-être la chose la plus difficile, car il n'y a pas de révélation en dehors de la parole humaine. La Révélation est alors un événement qui devient un avènement : les croyants recueillent l'héritage et en font autre chose. Il ne s'agit pas de réinventer constamment la tradition, mais simplement de la revivre à chaque fois comme la nouveauté, comme la rupture qu'elle fut la première fois : c'est à ce prix que la Révélation reste vivante. Mais si c'est pour reproduire du passé, c'est tout sauf de la tradition, me semble-t-il : il faudrait alors parler plutôt de conservation ou d'innovation dans l'ancien (comme souvent aujourd'hui, quand certains veulent restaurer des traditions disparues, souvent mythifiées d'ailleurs).

DH

Je ne sais s'il y a un mot arabe pour dire « histoire », mais en hébreu biblique ce n'est pas le cas. L'hébreu moderne, en effet, dit *historia* : un emprunt au grec ! Le seul mot dans la Bible qui s'en rapproche pourrait être celui qu'on trouve dans les formulations : « Voici l'histoire d'Adam » ou « Voici l'histoire de Noé ». Il s'agit du mot *toledot*, qui signifie « enfantement » et renvoie à l'enchaînement et au renouvellement des générations : on ne conçoit pas l'histoire autrement que par la façon dont les générations enfantées se la transmettent.

Le mot « révélation » en hébreu est lui aussi plein d'enseignement. Il se dit *itgalout*. Or, la racine de ce mot, *galout*, signifie « exil ». Au fond, cela veut dire que la Révélation a toujours quelque chose à voir avec le fait de ne pas être à la maison, mais en déplacement. Elle est toujours le fruit d'un voyage, d'un mouvement ou d'un arrachement. Prenez par exemple le moment de révélation par excellence pour la tradition juive, le don de la Torah au mont Sinaï : Dieu n'attend pas que les Hébreux arrivent en Terre promise pour se révéler ! La Révélation arrive plutôt à un endroit non défini, un *no man's land*. Elle survient dans un lieu qui n'appartient à personne, où l'on ne peut pas dire que l'on est chez soi. C'est peut-être ce décrochage qu'accomplit finalement chaque génération, qui est héritière de la précédente, tout en inventant du nouveau.

JLS

Vous employez le mot « héritière » : en quel sens ?

DH

C'est très difficile à dire. Car le judaïsme a beau être très attaché à la transmission, il peine à définir précisément ce sur quoi elle porte, quel est le contenu précis de l'héritage et de la Révélation transmise de génération en génération.

Qu'a-t-on entendu au départ sur ce qu'il faudrait se transmettre, et qui perdurerait dans notre héritage ? Dans le judaïsme, la question devient très concrètement celle-ci : qu'a-t-on exactement entendu au mont Sinaï ? Certains – disons les « maximalistes » – prétendent qu'on y a entendu non seulement toute la Loi écrite, mais aussi la Loi orale (le Talmud) et toutes les jurisprudences (la *halakha*), qui conditionnent les interprétations des sages à venir.

JLS

Ce qui signifierait concrètement quoi ?

DH

Pour caricaturer à l'extrême : Moïse aurait entendu si l'on peut ou non utiliser Facebook le jour du shabbat…

ou, plus sérieusement, quelles lois codifient précisément la *casherout*, par exemple. D'autres s'en tiennent à la conviction que Moïse aurait simplement reçu une loi écrite, qui aurait nourri plus tard une interprétation orale. D'autres encore modèrent : non, pas du tout, seuls les dix commandements ont été entendus. Quelques-uns vont encore plus loin et disent qu'on n'a pas entendu les dix commandements, mais uniquement leur première phrase : « Je suis l'Éternel, ton Dieu, qui t'a fait sortir d'Égypte. » D'autres affirment que seul le premier mot des dix commandements a été entendu : « Je. » Et cela continue ainsi jusqu'à un commentateur de la tradition mystique selon lequel on a seulement entendu au mont Sinaï la première lettre du premier mot du premier commandement, à savoir la lettre *aleph*, autrement dit… « rien », puisque le *aleph* est muet. Six cent mille âmes réunies au pied du mont Sinaï auraient donc entendu « rien », ou plus exactement le *aleph*, interprété parfois comme le bruit de la glotte humaine au moment où l'on commence à parler. On a donc entendu ce bruit ou ce son : la possibilité d'une parole à venir. L'idée d'un texte enceint de possibilités trouve sa parfaite représentation dans la métaphore de la glotte humaine qui s'apprête à parler, et qui est comme une amorce, l'annonce d'une parole énoncée. C'est une idée vraiment au cœur de la Révélation, mais pour l'entendre, encore faut-il se reconnaître héritier.

JLS

Mais un héritier peut-il vraiment inventer du nouveau ? Ne doit-il pas d'abord « recueillir précieusement » l'héritage ?

DH

À mon sens, ce qui fait de lui un véritable héritier, c'est la promesse de faire fructifier ce qu'il a reçu, de le renouveler.

Me vient à l'esprit la récente campagne de l'élection présidentielle, en mars-avril 2017 : j'ai été très surprise de la place qu'a prise la question de l'héritage dans le discours des candidats. Il s'agissait constamment pour les uns et les autres de démontrer qu'ils n'étaient les héritiers de personne – qu'ils ne devaient rien aux systèmes passés. Marine Le Pen voulait à tout prix nier qu'elle était l'héritière de son père, par exemple. Et lors d'un meeting d'Emmanuel Macron, la personne qui « chauffait la salle » avant l'arrivée du candidat a posé à un moment à l'assemblée une question étonnante : « Est-ce qu'on est des héritiers ? » Toute la salle a hurlé : « Non ! » Moment incroyable, qui illustrait bien que dans cette campagne le mot « héritier » était associé à ce qu'on ne voulait plus être, à la rupture avec l'héritage.

Bien sûr, ne pas être des héritiers signifie d'abord qu'on ne veut pas porter la responsabilité des années passées. Dans le discours politique actuel, dire qu'on n'est pas un héritier est devenu une valeur, alors que nos traditions religieuses enseignent que notre chance, au contraire, c'est d'être les enfants de quelqu'un, et de venir de quelque part… à condition de ne pas considérer cet héritage comme une reproduction à l'identique du message reçu. Chaque génération peut apporter quelque chose parce qu'elle a d'abord reçu quelque chose. C'est parce qu'elle a entendu ce message qu'elle va le traduire à son tour autrement, ou l'interpréter différemment, si elle est ouverte à l'inédit de son temps.

RB

Tout ce que vous venez de dire me rappelle une phrase de Derrida que j'ai citée dans *Le Coran expliqué aux jeunes*[1] : « On ne peut souhaiter un héritier ou une héritière qui n'invente pas l'héritage, qui ne le porte pas ailleurs, dans la fidélité, dans une fidélité infidèle. » L'héritage selon Derrida n'est pas une propriété, une richesse acquise, qu'on met en banque pour faire des intérêts et des dividendes, mais « une affirmation active, sélective, qui peut parfois être réanimée et réaffirmée plus par des héritiers illégitimes que par des héritiers légitimes ».

JLS

Qu'est-ce qu'une « fidélité infidèle » ?

RB

Comment être fidèle à un héritage, et en même temps lui faire, sans le dire, « un enfant dans le dos » ? Le phénomène de la « révélation continuée » n'est rien d'autre qu'une nouveauté qui s'appuie sur de l'ancien, quitte à le corriger. C'est le plus difficile : quand on fait de l'histoire, on constate que des traditions se mettent en place à certaines époques et reconstruisent le passé en fonction des enjeux du moment. Mais pour beaucoup, il est difficile d'admettre que des éléments anciens, racontés par une

1. Paris, Seuil, 2013.

longue tradition, ne semblent pas tenir la route au vu de ce que l'histoire critique fait découvrir. Autrement dit, bien des gens religieux sont à l'inverse des militants « macronistes » dont Delphine parlait : ce sont des gardiens rigides de l'héritage, le même depuis toujours. On le voit très souvent : un conflit ou une crise intérieure naît chez les croyants quand ils se rendent compte que « ça ne s'est pas passé » comme c'est dit dans le texte. Ils ont le sentiment qu'on leur a menti. Quand on « déconstruit » ainsi l'interprétation traditionnelle d'un texte ou une tradition, fût-ce en vue de reconstruirc du sens, il faut avoir conscience de ce premier effondrement des certitudes.

DH

Je vais dans le même sens : certains lecteurs juifs des textes ont le sentiment de devenir orphelins de quelque chose dès qu'on parle d'histoire, dès qu'on suggère l'influence d'un temps ou d'une culture sur la Loi, ou que l'on évoque une lecture critique de la Bible. Ils se sentent orphelins d'absolu, comme si, d'un coup, en disant que la Bible n'est pas nécessairement un récit réaliste, on affirmait qu'il n'est pas « vrai ». Alors que réalité et vérité ne se recouvrent pas ou se recoupent dans un cadre très restreint, celui des réalités et des vérités scientifiques.

Ainsi, lorsque des gens se penchent sur le récit de la sortie d'Égypte et interrogent : « Est-ce que cet événement a vraiment eu lieu ? », ou : « Est-ce qu'il s'est passé comme ça ? », ou encore : « Comment est-ce possible que six cent mille personnes soient sorties d'Égypte et qu'on n'ait pas retrouvé de traces, de restes archéologiques qui témoigneraient de leur passage dans le désert ? », certains crient au scandale. Et ils font des efforts considérables pour ne pas être orphelins de la réalité du récit. De fait, un *midrash* – une légende rabbinique – raconte que, dans le désert, une des tribus était chargée de ramasser les « détritus », d'effacer les traces… Je trouve formidable (et très drôle) d'avoir imaginé que, parmi les douze tribus, l'une avait cette mission de faire en sorte qu'il ne reste rien du passage des Hébreux. C'est bien sûr un point de vue apologétique, qui permet de s'assurer par avance que le récit va « tenir » jusqu'au bout.

En tant que rabbin, mon souci consiste à intégrer, à préserver et chérir ces histoires pleines de sagesse, sans m'imaginer qu'elles se substituent à l'histoire ou à la science. Bref, il me faut penser de quelle manière le rapport au temps et à la poésie de cette littérature construit pour moi un récit sacré.

JLS

L'histoire critique des origines est évidemment une question pour les trois « monothéismes » (gardons ce mot pour l'instant), mais différemment. Pouvez-vous préciser rapidement quel est le problème spécifique de l'islam ?

RB

La représentation du passé de l'islam, que ce soit dans les pays musulmans eux-mêmes ou en dehors d'eux, pose problème, notamment pour la période des origines, qui s'inscrit en effet dans une histoire mythique. Certes, « ce qui s'est réellement passé » nous échappe, mais l'histoire mythifiée après coup ne saurait remplacer celle qui manque et pose de nombreuses questions.

Les deux sources qui restent sur le terrain (ou le terreau) de l'islam premier se trouvent en dehors du texte du

Coran et sont largement décalées par rapport à lui. Elles présentent le double inconvénient d'avoir été produites dans des sociétés postérieures à la société d'origine en Arabie et d'avoir pour objectif affiché une représentation élogieuse du passé (et la justification du présent).

La plus ancienne résulte de la commande officielle de la dynastie des Abbassides (750-1258), qui vient de renverser celle des Omeyyades (661-750), et veut raconter son passé en mettant en scène la figure de Muhammad, auquel elle est apparentée : c'est la *sîra*, ou « biographie de Muhammad ». On est alors dans la seconde partie du VIIIe siècle-début du IXe siècle. La seconde source est plus tardive (milieu du IXe et du Xe siècle) : il s'agit des hadiths, qui constituent la *sunna* ou tradition du Prophète. On peut dire qu'ils sont la « commande » des sociétés converties, en mal d'une identité commune étant donné leur diversité, et à la recherche de modèles idéologiques fondateurs. Ce corpus est une compilation des paroles et des actions attribuées au Prophète, mais qui ne se trouvent pas dans le Coran. C'est une construction qui agrège divers éléments reconstruits de provenances hétéroclites, et qui légitime comme « révélation », comme origine de l'islam, un corpus postérieur. Quoi qu'il en soit, le résultat est le suivant : le déficit d'histoire, le manque de factualité quant au « proto-islam » créent le trouble sur l'origine, et le salafisme, qui prétend pouvoir y avoir accès, résulte précisément, à mon avis, de ce trouble.

Selon un commentaire attribué à l'imam Ali, cousin et gendre du Prophète et quatrième calife, le Coran, tel un livre, se trouve pris dans deux couvertures : « Il ne parle pas, ce sont les êtres humains qui le font parler. » C'est évidemment une parole apocryphe, car au temps d'Ali, le livre appelé Coran n'existait pas encore. Mais elle exprime bien le problème de l'interprétation des origines.

Impureté des origines et de la tradition

JLS

Il fut un temps où on parlait peu des hadiths. Or, cette question semble devenue cruciale. Pouvez-vous préciser quelque peu la question qu'ils posent à la fois aux historiens et aux musulmans ?

RB

Les hadiths sont fréquemment utilisés pour éclairer la signification du texte coranique, notamment pour le mettre en rapport avec les circonstances supposées de la Révélation. Il en existe plusieurs centaines de milliers, rassemblés au cours des deux premiers siècles de l'islam, et la tradition savante elle-même a dû convenir que tous ne pouvaient pas se réclamer d'une égale authenticité. Comme le travail d'authentification des paroles et des actes du Prophète a été fait par les premiers savants musulmans – évidemment selon une logique très apologétique, mais aussi en fonction des intérêts politiques et théologiques du moment –, l'orthodoxie sunnite considère qu'il n'y a plus lieu de s'inquiéter de l'historicité de tout ce patrimoine textuel. Dès lors, quand on prétend s'y atteler en faisant appel aux outils de l'historien contemporain, on est vite accusé de porter atteinte de manière sacrilège à ce patrimoine. À vrai dire, les religieux musulmans dans leur grande majorité n'aiment pas l'histoire ! Je vois bien pourquoi : elle semble relativiser leurs certitudes « dures ». Comme si l'absolu ne se lisait pas aussi dans le relatif ! Si on va au bout des choses, l'absolu ne peut se dire finalement qu'à partir du relatif. Que nous disions « Dieu », ou « Allah », ou peu importe, nous ne disons jamais que des mots humains, sans savoir très bien ce que nous disons. L'ultime nous échappe.

DH

J'aime bien cette idée d'un Dieu qu'on appellerait « Peu importe ». Elle illustre bien notre incapacité à le dire et rappelle qu'aucun nom ne finira de le raconter… peu importe combien de temps on essaiera !

RB

Il y a une nostalgie de l'origine d'autant plus que les récits de la modernité sont en train de s'écrouler devant nous. On pense maintenant qu'avant, c'était mieux. On voit d'ailleurs que dans d'autres traditions aussi – chrétiennes, en particulier – la place de l'histoire au sens de discipline critique perd du terrain. Ce qui l'emporte, c'est la quête de l'identité, et aussi le sentiment ou l'émotion qui échappent à la raison. L'histoire critique est alors la première visée. Il m'arrive de dire à mes étudiants que faute d'histoire, on se raconte *des* histoires, et que cela finit par *faire* des histoires ! Le déficit d'histoire vient aussi de l'excès de mémoire, ou de la primauté accordée à la mémoire, même si c'est une mémoire pleine de trous. L'histoire sainte, les mythes originels, la reconstitution des origines viennent alimenter une mémoire collective qui, renforcée par chaque génération, devient un socle identitaire de plus en plus réfractaire au questionnement. Or, comme le disait je crois le poète français

Paul Géraldy : « Le souvenir est un poète, n'en faites pas un historien. » C'est pourtant l'erreur que l'on commet, et qui fait que l'histoire comme discipline critique recule dans nos études.

JLS

En ce moment, une polémique française à propos du « roman national » défraie la chronique. On prétend que l'histoire des savants, ou l'historiographie telle qu'elle est enseignée dans les universités, détruit le roman, ou la légende, de la « nation France », lequel constituait un grand récit fait de figures et d'événements admirables, qui entretenait ou stimulait donc aussi une politique. Or, vous dites tous les deux un peu l'inverse : il semble que, pour vous, ce soit l'histoire critique qui est stimulante. Mais pour les islamistes d'un côté, les ultra-orthodoxes juifs de l'autre (pour ne parler que d'eux !), et peut-être aujourd'hui pour certains farouches républicains français, on a l'impression que l'histoire critique moderne est une menace. Ce mot « menace » vous paraît-il approprié ?

DH

Oui, on en revient toujours à la question de l'identité, que Rachid vient d'évoquer. Il y a en particulier une obsession de la pureté des origines dans tous les discours fondamentalistes. Leur point commun, partout, est l'obsession de démontrer qu'à l'origine régnait une pureté parfaite, et que la rencontre avec l'histoire – ou avec l'autre – a été une forme de contamination. La rencontre avec l'autre (que l'histoire moderne favorise évidemment) est toujours perçue comme une « altération », comme si quelque chose d'une pureté originelle s'y perdait. Il s'agit bien d'une altération au sens littéral du terme : la rencontre avec l'étranger altère car elle produit de l'altérité dans l'identité. C'est quelque chose qui est insupportable pour les discours fondamentalistes ; ils sont dans une quête constante de la pureté des origines et dans la volonté permanente de la démontrer.

Pourtant, il suffit de se pencher sur les rites et les pratiques pour voir à quel point ils sont les produits de cette altérité ou de cette altération. Prenez le calendrier juif, par exemple : il comporte des fêtes qui presque toutes montrent que nous avons été influencés par des éléments extérieurs au monde juif. L'exemple de la fête de Pourim, le carnaval, est éloquent à ce sujet. C'est le contact avec la culture perse antique qui a produit une sorte de « métabolisation » juive de cette expérience de l'exil. Les héros du Livre d'Esther dans la Bible se nomment Esther et Mordechai, qui se trouvent être des noms dérivés de Ishtar et Mardouk, des divinités perses de l'époque. On constate la même chose pour la Pâque juive, *Pessah*, qui est fortement inspirée du *symposium*, du repas traditionnel gréco-romain : on y mange en s'accoudant exactement comme les Romains le faisaient, on consomme des mets que mangeaient les Romains au Ier et au IIe siècle. Et cela vaut pour presque toutes les fêtes. Elles ne sont pas moins juives d'avoir été influencées ou d'avoir réagi à une culture qu'elles ont rencontrée. À mon sens, la force du judaïsme est d'avoir su métaboliser sa rencontre avec l'autre à chaque époque, et on pourrait sans doute dire la même chose de sa rencontre avec le christianisme et l'islam, ou de sa rencontre actuelle avec la culture américaine ou proche-orientale. Telle est sa force, mais aussi sa capacité de régénération, de pérennisation. Je suis troublée de voir à quel point affirmer cela semble sacrilège aux yeux de certains, combien cela remet en question leur identité, qu'ils perçoivent comme installée, immuable et jamais influencée ni influençable. En lisant les textes, je me dis souvent au contraire : toute l'identité juive est une identité d'arrachement et de fertilisation par l'autre. On y raconte constamment la non-identité à son origine : Abraham est Abraham parce qu'il a quitté Ur en Chaldée, et qu'il a fait un voyage ; Jacob est reconnu comme tel parce qu'à un moment il est devenu Israël ; la Révélation vient parce qu'on a été en exil… Tout est affaire d'arrachement à soi ou de « fidèle infidélité », pour reprendre cette expression : on vient de « quelque part », ce « quelque part » s'est transformé en nous, il a été métabolisé d'une certaine manière pour faire que notre véritable origine soit cet arrachement à nos origines.

Le trouble des sciences modernes

JLS

Pour résumer ce que vous dites tous les deux : la tradition ne doit pas avoir peur de l'histoire, car elle n'a cessé d'être travaillée et remodelée par l'histoire. En ce sens, elle est aussi et toujours tradition du nouveau. Mais je voudrais déplacer un peu la question : vous avez évoqué les orthodoxes et les fondamentalistes ; je pense pour ma part aussi aux esprits scientifiques, qui ne raisonnent qu'en termes de « vrai » et de « faux » ou à ceux qui ne connaissent plus rien du passé et de la tradition (et ne sont pas exclusivement les jeunes), mais sont férus d'esprit scientifique. Que leur dites-vous ?

RB

Il faudrait d'abord distinguer les registres de discours et montrer leur légitimité : celui de la science ou des sciences modernes n'est pas celui du sens, même si tous deux ont leur place. Il faut aussi démystifier l'idée reçue, souvent naïve, de la « vérité » chez beaucoup de croyants : pour eux, les choses se sont passées comme les textes le disent. Selon Paul Ricœur « L'appréciation du juste rapport d'un récit à l'événement qu'il relate est une opération très complexe qui demande rigueur et nuance. Elle exige en tout cas que l'on se déprenne d'une conception étroite de la vérité, selon laquelle ne serait vrai que ce qui est scientifiquement vérifiable, et qui caractérise l'historicisme. Elle exige également que l'on se déprenne d'une conception non moins étroite de la vérité selon laquelle "ça s'est passé comme c'est écrit" ». Autrement dit, il faut distinguer la vérité du récit et celle de l'histoire, et sortir de cette problématique binaire entre l'historique et le faux.

JLS

Ce que vous dites me paraît très important par rapport à la question de l'historicité. Après la mort de Ricœur est paru au Seuil en 2007 un petit livre qui s'appelle *Vivant jusqu'à la mort*, où l'auteur réfléchissait sur la mort, et même sur *sa* mort : mourir, qu'est-ce que c'est ? Que se passe-t-il au moment de mourir ? Après ce texte, l'éditeur a ajouté quelques notes dispersées de Ricœur. L'une d'elles évoque sa réaction après la lecture de *La Bible dévoilée. Les nouvelles révélations de l'archéologie*, d'Israël Finkelstein et Neil Asher

Silberman[1]. Il parle de sa « surprise », « même pour un lecteur aussi peu attaché que moi à l'historicité des personnages et des récits ». Ce livre « descend » en effet de plus en plus bas dans le premier millénaire avant notre ère pour dire que, du point de vue de l'histoire moderne et des preuves archéologiques, même du royaume de David et de Salomon il ne reste rien ou pas grand-chose : « L'argumentation archéologique est imparable : pas de traces de passage, d'occupation des sols, d'édification. » Et Ricœur a cette réflexion désabusée : successivement il avait dû renoncer à Abraham, à Joseph et ses frères, à Moïse, à la conquête de Canaan, à la gloire de David, à la splendeur du temple de Salomon. On sait que David et Salomon ont existé, mais de ce qui s'est réellement passé, on ne sait rien. Même Ricœur, donc, de longue date grand connaisseur des recherches sur la Bible, parle de « perte d'une illusion ».

DH

Il reconnaît au fond qu'il a dû, comme chacun d'entre nous, vivre avec le manque, la faille, l'absence. Vivre avec le fait que le récit est cassé ou discontinu… Finalement, c'est la définition exacte, dans la tradition juive, de la lutte contre l'idolâtrie, qui est une forme d'immaturité spirituelle.

L'idolâtre a besoin de rendre un culte à de la complétude, de la matière, du solide, du continu, du certain et de l'indubitable. Nous connaissons tous cette tentation. Tout l'enjeu d'une certaine maturité, quelle que soit notre tradition, c'est de pouvoir vivre avec de l'absence

1. Paris, Bayard, 2002, p. 115-117.

et du manque, avec quelque chose qui n'est pas complet, qui ne peut pas être transformé en veau d'or.

C'est douloureux et difficile à vivre, et encore plus à transmettre et à enseigner. Je fais souvent le test avec les enfants que j'enseigne régulièrement à la synagogue. Je prends par exemple le pain de shabbat, je menace de le faire tomber et leur demande de me décrire ce qui se passerait alors. Tous les enfants hurlent au scandale ou au sacrilège, et je leur explique que ce n'est pas le pain qui est sacré. Ce qui est sacré au moment où j'en romps un morceau, c'est ce que ce geste dit de la notion de partage, ce que le pain dit de la relation à la terre et à l'autre. Le pain lui-même n'est pas sacré, même s'il signifie le support nécessaire du sacré. C'est toute la complexité de notre rapport aux objets du sacré et à la matière. La toute première chose que fait Moïse quand il descend de la montagne, c'est de briser les tables de la Loi. C'est le tout premier refus de l'idolâtrie et un enseignement puissant. Ce qui est écrit peut être cassé, doit même l'être : c'est la sacralité du message qui est conservée, non celle de son support.

Mais puisque je parle d'enseignement, j'aimerais savoir, Rachid, s'il est possible de faire de l'histoire à l'intérieur de la mosquée. À l'intérieur de la synagogue, imaginer un rabbin historien ne va pas de soi mais existe aujourd'hui ; peut-on en revanche imaginer un imam historien, ou est-ce que le discours du prêche et celui de l'historien sont hermétiquement fermés l'un à l'autre ?

RB

Aujourd'hui, c'est vraiment très difficile à imaginer, car nos meilleurs imams restent « pris » dans la tradition qu'ils considèrent comme immuable. Il arrive que des imams utilisent les mots « herméneutique », « modernité », « sociologie », « anthropologie », mais le monde des sciences humaines et celui du religieux restent pour eux des mondes parallèles, sans interférence. Pour moi, l'objectif est d'amener des responsables religieux à articuler les deux, pour parvenir à cette « fidélité infidèle » de Derrida. On ne peut pas mettre de côté la tradition, ni l'annuler : elle est ce qui se transmet. Il faut juste apprendre à transmettre tout en autorisant à transformer. Le psychanalyste Charles Melman a une formule que j'aime beaucoup. Il dit : « Ce qui se transmet, c'est justement ce qu'on appelle les traditions. Et ceux qui, à chaque époque, pouvaient passer pour les plus lucides et les plus avisés étaient précisément les personnes qui, jusque dans leur révolte contre les traditions, exprimaient l'attachement qu'elles leur vouaient. » Il pose bien là l'enjeu crucial d'aujourd'hui en islam : comprendre d'abord les outils de la révolte (les possibilités qu'offre l'histoire critique) pour déplacer et dépasser les traditions héritées.

Or, si quelqu'un arrive aujourd'hui dans une mosquée et commence par dire qu'il n'y a pas grand-chose sur l'historicité d'Abraham, que la biographie de Muhammad est impossible, etc., cela va créer un malaise certain et il va être rejeté… Tout repose, de nos jours, sur cette position de base : le Coran est « factuel », au sens où il s'est passé telle et telle chose, que ces « faits » ne sauraient être mis en question, que leur certitude est absolue même si nous n'avons guère d'éléments de preuve concrets. Et nous savons presque tout sur Muhammad. Si quelqu'un arrive et dit publiquement que ces preuves font défaut et qu'il n'y a pas de certitude, il crée un vide total et redoutable, car son public vit précisément de la certitude, vitale pour lui, que nous savons ce qui s'est passé historiquement.

DH

Il n'y a donc pas de différence possible, dans l'enseignement de la mosquée, entre l'histoire sacrée et l'histoire scientifique dont tu parlais au début. On est condamné au règne de la certitude et à l'impossibilité du doute ?

RB

La plupart des simples croyants baignent dans l'histoire sainte et sacrée, et n'imaginent pas qu'on puisse en sortir. Ils n'ont pas conscience qu'ils sont dans l'histoire sacrée. Pour eux, c'est l'histoire, point final. On ne peut comprendre cette histoire comme sacrée que lorsqu'on a conscience que non seulement existent l'histoire et la méthode critiques (c'est la première étape), mais aussi quand on réalise qu'en plus (seconde étape) celles-ci sont parfaitement applicables à un objet considéré comme « sacré ». Dans les mosquées, on n'a encore franchi aucune de ces étapes.

JLS

Le récit mythique est donc considéré comme le récit authentique ?

RB

Me vient à l'esprit cette formule du poète roumain Cioran : « Ce qui nous distingue de nos prédécesseurs, c'est notre sans-gêne à l'égard du Mystère. Nous l'avons même débaptisé : ainsi est né l'Absurde. » À force de vouloir nous doter d'un moment fondateur qui est celui de la Révélation, nous avons bâti des murs d'explications, de représentations qui, au lieu de nous en rapprocher, nous en éloignent, car toutes ces représentations et explications sont le fruit d'hommes et d'époques. Donc, oui : le récit mythique prend toute la place, et c'est sans doute la grande difficulté de l'islam contemporain. Il faudrait trouver une marge de manœuvre avec des gens qui ont la « foi du charbonnier », pour leur permettre de sortir quelque peu du récit de révélation tel que le raconte la tradition islamique (ce qui représenterait un premier pas), pour être capables ensuite d'entrer dans un travail historico-critique… tout en étant persuadés qu'un texte peut continuer à parler même quand le lecteur sort d'un certain nombre d'illusions. C'est d'autant moins facile que les musulmans ont aujourd'hui l'impression que l'islam est attaqué de toutes parts et qu'ils vivent un peu comme dans une citadelle assiégée. Le discours de la victimisation – qui s'enracine dans les campagnes de discréditation de l'islam – fonctionne beaucoup mieux que le discours de la responsabilité – lequel suppose qu'on soit capable de s'ouvrir à une attitude intellectuelle critique. Il suffit, actuellement, de dire dans une mosquée que le port du voile n'est pas obligatoire pour que les difficultés commencent. La grande majorité des musulmans a abandonné la dimension cognitive de l'islam pour s'enfermer dans la citadelle identitaire, et les choses ne vont pas en s'arrangeant malheureusement…

« Nous » et « eux »

JLS

Le paradoxe (apparent !), c'est que ce sont d'abord les jeunes, et donc parfois aussi les jeunes responsables religieux, qui vont dans ce sens du retour à l'ancien. Ne faut-il pas essayer de comprendre aussi le pourquoi et le comment de cette évolution, de cet apparent « retour en arrière » ? Du reste, cette expression, souvent employée, est-elle pertinente ?

DH

Ce qui est le plus troublant pour moi, c'est que ce « retour en arrière » est fait au nom d'un « il en a toujours été ainsi » qui est un mensonge historique. Car précisément, il n'en a pas toujours été ainsi…

RB

On assiste au retour d'un « nous » et d'un « eux ». Au sein de ce « nous », on a certes des sous-catégories, des convictions différemment affirmées et vécues. Mais cette réaffirmation de certitudes s'appuie en effet sur le fantasme qu'« il en a toujours été ainsi ». On veut remettre de l'ordre, de la hiérarchie, là où l'on perçoit du désordre. C'est une illusion, bien entendu, et je suis certain que davantage de connaissances historiques y mettrait fin. Oui, selon moi l'histoire devrait être la première discipline que l'on enseigne aux croyants.

DH

J'aimerais à ce sujet revenir à un propos de Rachid au début de notre entretien. Il récusait la question : « Que dit "l'islam" ? », en affirmant qu'il n'existait pas de parole musulmane unique. Il m'a fait me souvenir d'un enseignement offert pendant mes études au séminaire rabbinique par un de mes maîtres, le rabbin Michael Chernick : « Quand quelqu'un commence sa phrase en disant "Le judaïsme dit que…", il faut interrompre immédiatement la conversation. » On ne peut pas continuer une discussion avec quelqu'un qui dit cela. Même chose avec « La *halakha* – la jurisprudence – dit que… ». Il faut lui demander : La *halakha* de qui ? À quelle époque ? Interprétée par qui ? Le judaïsme de qui, vécu où et à quelle date ? Interprété et pensé par qui ? Il est urgent d'enseigner cela et de le mettre en pratique dans nos lieux de culte.

RB

Delphine a raison, d'autant plus que la plupart des acteurs musulmans d'aujourd'hui s'abritent derrière l'unanimité des « savants » de la tradition, en réalité privés de leur propre parole. Il m'arrive de leur demander qui sont ces savants, quand ils se sont réunis, quel jour et en quel lieu ? Au discours normatif et autoritaire qui assène : « L'islam dit que… », je réplique que l'islam n'existe pas en dehors des hommes et des femmes musulmans, entre lesquels il n'existe pas de consensus sur toutes sortes de sujets.

JLS

De quoi aurait besoin l'islam aujourd'hui ?

RB

Nous avons besoin, en islam, d'humaniser la religion, d'humaniser la figure du Prophète, d'inscrire chaque texte dans l'imaginaire de la société où il est né. Cela ne concerne d'ailleurs pas seulement l'islam, mais toutes les religions ! Tant qu'on n'arrivera pas à ressaisir ce processus d'humanisation et à l'inscrire dans le temps des hommes, on continuera à cultiver cette idée de l'absolu opposé à notre vie « relative », la pensée du « il en a toujours été ainsi » opposée à toute relativité ou à toute contingence humaine. À la suite de quoi il devient possible de passer à une lecture qu'on peut qualifier d'« éthique », soit une lecture qui peut nourrir nos comportements individuels et collectifs, mais une lecture informée par l'histoire. Pour lutter contre l'idéologie violente que nous avons aujourd'hui, les discours qui font la promotion d'une approche pacifique ou mystique de l'islam sont insuffisants, car on en reste à l'opposition d'une interprétation contre une autre, d'une vision contre une autre, chacun restant sur ses positions, sûr de son bon droit et des références textuelles qu'il s'est appropriées (et sur lesquelles il fonde ce qu'il croit être sa vérité).

Quand on se réclame du passé pour se légitimer, comme le font en permanence les salafistes ou les djihadistes, ce n'est pas le passé qu'on fait revivre. On produit seulement la représentation que l'on se fait du passé, pour ne pas dire le fantasme d'un passé inexistant. Même à quelques décennies de distance, où que ce soit, on ne vit pas et on ne pense pas ce qui nous entoure comme nos grands-parents.

JLS

On a pourtant l'impression qu'il n'y a jamais eu autant d'historiens de l'islam qu'aujourd'hui…

RB

Ce n'est pas la réalité. Peut-être en raison de la critique qu'Edward Saïd a faite de l'orientalisme, nous en sommes malheureusement venus à abandonner l'islamologie classique, qui était fortement marquée par la recherche historique, au profit des seules sciences politiques et de la sociologie, y compris dans les milieux universitaires. En France, nous n'avons presque plus de grands arabisants, et nous souffrons d'un déficit d'histoire en ce qui concerne l'islam des origines, tout particulièrement dans les centres de formation d'imams. Les instances de l'orthodoxie et les pouvoirs politiques musulmans veulent faire croire aux croyants de l'islam – et aux autres ! – qu'on a toujours pratiqué l'islam de la même manière depuis les années du Prophète jusqu'à nos jours. Or, au départ, l'islam se déclinait comme une « alliance » entre les tribus et Dieu ; ce n'était pas encore une « religion », un terme impropre pour définir la révélation coranique. De même, il faut distinguer la société du Coran au VIIe siècle et celle du hadith au IXe siècle, qui se sont déployées dans deux aires géographiques complètement différentes et avec des formes du croire qui n'avaient pas grand-chose en commun. Sans chronologie, on multiplie les contresens historiques et les anachronismes. Ainsi, nombre de jeunes qui sont en rupture avec la tradition, le savoir traditionnel de leurs familles, se jettent et se projettent dans un texte dont ils ne connaissent que des bribes mal comprises. Il faudrait travailler avec eux sur l'écrit coranique en y remettant de l'histoire. Si on ne vient pas – ou on ne revient pas – à cette discipline, il n'y aura pas d'évolution heureuse pour les musulmans... et pour les autres.

DH

Cela implique de reconstruire le sens des mots, leur histoire et les strates du discours. Très nombreux sont ceux qui pensent qu'un mot a toujours signifié ce qu'ils en entendent aujourd'hui. Pourtant, on sait très bien qu'en français les mots ont une histoire, aujourd'hui comme hier. Par exemple, le mot « collaborateur » ne veut plus dire la même chose avant et après 1945. Les gens le savent parfaitement, mais certains refusent d'appliquer ce principe aux textes de la tradition. Que le même verset n'ait pas signifié la même chose au IIe siècle avant notre ère, au VIe ou au VIIe siècle leur semble exclu. Il faudrait pourtant pouvoir dire au lecteur incapable d'un regard historique : cela fait partie de ton devoir d'exégète, de ton devoir religieux, de ton devoir d'amoureux du texte que de poser la question de ses strates, de ce qu'un mot, une locution, une phrase veut dire au-delà de ce qu'elle a pu vouloir dire.

RB

J'appuie ce que vous dites en me référant à l'usage – aujourd'hui fréquent dans les mosquées et dans nos quartiers – du mot *kâfir*. Celui-ci est souvent traduit par « mécréant ». Parler de mécréant revient d'emblée à opposer le « nous » des croyants à « eux », les autres. Parce que c'est abstrait, général, toutes sortes de gens peuvent entrer dans cette catégorie. Denise Masson et Régis Blachère, dont les traductions du Coran en français sont bien connues, traduisent le pluriel *kuffâr* par « dénégateurs », « mécréants », « infidèles ». Or la racine *kafara* est l'équivalent arabe de l'hébreu *kappara*, qui a donné *kippour*, ce qui ouvre à des résonances qui déplacent le regard. En travaillant sur les occurrences de cette racine dans le Coran, on trouve un emploi très concret du terme *kuffâr* (57, 20), où celui-ci désigne non les « mécréants » mais les « cultivateurs ». C'est que la racine *kafara* a pour signification « recouvrir quelque chose », comme le cultivateur couvre de terre la semence.

JLS

Mais quel est le sens, peut-être le sens spirituel, qu'on peut donner à ce « recouvrir » ?

RB

Dans le Coran, il y a deux types de *kufr* (qu'on peut traduire par « recouvrir »). Le premier renvoie à l'idée de recouvrir ce que l'on refuse de voir ou de reconnaître, alors que c'est entièrement visible et qu'il faut être aveugle pour ne pas le voir ou sourd pour ne pas l'entendre. On pourrait dire que l'on cherche à masquer une évidence. Ainsi de la récusation des signes d'Allah ou du refus de les voir. L'autre est celui qui refuse de reconnaître les bienfaits qu'il a reçus d'Allah et qui lui permettent de faire vivre sa famille. C'est l'ingratitude comme refus de reconnaître et d'être reconnaissant pour ce qu'on a reçu.

Maintenant, si vous voulez connaître la compréhension spirituelle qui est la mienne, nous sommes tous plus ou moins « récusateurs », tous plus ou moins « ingrats ». Il ne s'agit pas, dès lors, d'opposer les supposés « mécréants » aux supposés « croyants », mais de se laisser tous interroger sur nos fidélités et nos infidélités.

DH

On en revient ainsi, selon moi, à la problématique de l'héritage : il y a une négation de l'héritage lorsqu'on suggère que tel ou tel mot veut dire « cela, et rien d'autre ». Nous sommes héritiers des sens multiples du mot. Kippour, conformément à ce que Rachid a dit, en est une illustration : pour la plupart des juifs, c'est la fête du Grand Pardon. Mais en réalité, ce n'est pas cela, ou pas *que* cela. C'est bien la fête du « recouvrement » : il y a, littéralement, un recouvrement des fautes. C'est parce qu'elles étaient jusque-là à découvert que nous pouvons les inspecter, nous repentir et attendre de Dieu qu'il nous couvre. Un exégète honnête se doit justement de découvrir le pouvoir-dire du texte, qui excède par définition ce qu'il veut dire en un temps et un lieu précis de sa lecture.

JLS

Il faudrait donc que chacun arrive à se persuader que le sens ou les sens d'un texte ancien sont multiples. Néanmoins, il faut reconnaître que l'histoire critique des textes anciens (celle qui montre que des récits de la Bible ou du Coran sont des mythes ou des légendes) ne produit pas uniquement cette compréhension plurielle ou ne s'y arrête pas. Pour un certain nombre de chercheurs ou d'« éclairés », une fois que l'histoire critique a fait son travail, on est censé devenir rationnel, voire rationaliste, en passant à l'âge de la raison éclairée : toute une histoire critique va dans ce sens et elle ne laisse apparemment pas d'autre lecture légitime. On pourrait même dire que, pour beaucoup de nos contemporains, en Europe surtout, c'est l'attitude la plus fréquente. Une fois acquis qu'il n'y a jamais eu ni d'Adam, ni d'Ève, ni d'Abraham, ni de Moïse, il est temps d'aller voir ailleurs. Pourtant, alors que n'importe quel historien moderne considère la période du califat comme un grand mythe, il semble, à voir la fascination de certains jeunes pour Daech, que le mythe marche. Ce que Rachid Benzine dit bien dans son livre récent, *Nour, pourquoi n'ai-je rien vu venir*[1] *?* : c'est de l'imaginaire ou du rêve qui redonne fierté, espoir… même s'il confine au délire.

RB

Oui, l'imaginaire est un carburant pour faire adhérer le plus grand nombre de gens, cela d'autant plus que le présent n'est pas à la hauteur de leurs espérances.

La force des mythes

JLS

Il faut reconnaître que les récits ont une force entraînante que les déconstructions n'ont pas. Un récit emporte plus que sa traduction dans un langage rationnel. Du récit on passe à l'action pour ainsi dire, tandis que la raison suspend l'action…

RB

Il est vrai que c'est récit contre récit, comme si la primauté de la raison cultivée en Europe depuis le siècle des

1. Paris, Seuil, 2016.

Lumières ne s'imposait plus. Quand on fait de l'histoire devant des lycéens ou des étudiants, et qu'arrive quelqu'un qui leur parle à partir de leur propre imaginaire – celui qu'ils ont hérité ou reçu de leur famille et de l'école coranique ou de la mosquée –, on est vite perdant. Dans mes conférences, si quelqu'un me lance : « Nous avons reçu le Coran, c'est la parole pure de Dieu, ses *ipsissima verba*, et nous savons que l'ange Gabriel venait faire réciter le Prophète », je suis perdant, car le public croyant actuel partage cet imaginaire et ne souffre pas qu'on vienne lui dire que les choses sont un peu plus compliquées.

Le temps de l'histoire n'est pas celui de la croyance. Le vrai travail de la croyance devrait commencer après le travail de déconstruction. Ricœur parle à ce sujet de retrouver une « naïveté post-critique ». Quand je fais de l'histoire, je ne me soucie pas de savoir si le Coran est parole de Dieu ou non. Je sais bien qu'il est considéré comme parole de Dieu, mais ce n'est pas la question : c'est d'abord un texte. Il faudrait d'ailleurs déjà s'expliquer sur ce que l'on entend par « parole de Dieu » ! Nous aurons peut-être l'occasion d'y revenir. Je prends le Coran en tant que document historique, en tant qu'archive, porteur de la mémoire d'un peuple, des idées et des croyances propres à son temps et à son espace. Je ne me soucie guère de la reconstruction spirituelle que devront opérer les croyants. Il faut aller jusqu'au bout du processus de lecture historique avant de reconstruire. Pour moi, l'histoire permet de détruire beaucoup d'illusions, et je crois qu'on se sent mieux après. C'est en tout cas mon expérience.

DH

Pour ma part, je ne sais pas ce que cela veut dire d'habiter un seul monde ou une seule grille de lecture. Je passe ma vie à habiter des « mondes parallèles », c'est-à-dire à reconnaître que je ne parle pas qu'une seule langue – et c'est cela qui donne un sens à mon existence. Que je lise un exercice de mathématiques – ce que je fais rarement – ou de la poésie, je ne me pose pas la question de savoir si l'un est plus vrai que l'autre. J'ai l'impression de me construire entre des univers multiples, d'être toujours dans un entre-deux. Alors, en tant que rabbin qui enseigne dans une communauté, oui, je crois en la force du narratif et en sa poésie sacrée. Je n'ai aucun problème avec l'idée que la Bible soit un document composite, ou que des éléments aient été accolés ensemble à différentes périodes : cela ne change rien au fait que la tradition rabbinique puisse affirmer que c'est un texte parfait donné par Dieu et marqué par l'unité. Il n'y a pas de compétition entre ces deux théories, simplement parce qu'elles sont deux langages avec lesquels je peux vivre : le dialogue entre la poésie religieuse du récit, qui raconte une vérité, et l'histoire selon les savants, qui énonce une réalité, construit ma religiosité.

J'aimerais l'illustrer autrement, en vous racontant une anecdote. À l'issue d'une conférence donnée récemment à l'université de Jérusalem, des étudiants m'ont posé une série de questions pour comprendre d'où je leur parlais. Ils m'ont d'abord demandé : « Comment pouvez-vous être à la fois féministe et rabbin ? », puis : « Comment peut-on avoir été journaliste d'actualité et s'intéresser à la pensée religieuse et son discours d'éternité ? », avant de me demander : « Comment, d'après vous, un État peut-il être à la fois juif et démocratique ? » Au bout d'un moment, j'ai interrompu la discussion en leur disant : « Vous rendez-vous compte que vous posez toujours la même question : comment peut-on être à la fois ici et là ? »

En réalité, la vie, c'est d'être « ici *et* là ». Dans bien des domaines de l'existence, on habite des mondes qui ne coïncident pas exactement, des niveaux de langages différents, etc. Nous sommes tout à fait capables de naviguer entre et dans ces mondes sans les appauvrir. Pourquoi, dans le monde religieux, serait-on à ce point incapable de gérer la complexité d'un dialogue entre des langages ?

RB

Pour les tenants de l'orthodoxie – et se présenter comme gardiens de l'orthodoxie, c'est se permettre d'exercer un pouvoir sur les autres –, il y aurait lieu de choisir entre souveraineté de Dieu et souveraineté humaine. Dans un monde sous la prétendue gouvernance totale de Dieu (mais ce sont eux qui définissent ce que doit être cette gouvernance !), tout deviendrait cohérent, tandis que dans un monde où la raison de l'homme aurait une place notable, tout serait insensé. Ces orthodoxes veulent nous imposer un schéma très binaire et réducteur. Or, j'aime rappeler à mes auditeurs que le mot « vérité » tel que nous le concevons est absent du Coran. Il est trop abstrait, trop grec, alors que le Coran a été délivré et consigné en arabe, une langue sémitique, très concrète, comme l'hébreu. Je donne souvent l'exemple des mots *dîn* et *haqq*, qui sont généralement traduits par « religion » et « vérité », et dont j'ai étudié toutes les occurrences dans le Coran. On y trouve *dîn al haqq*, expression souvent rendue par « religion de la vérité ». Or, dans le Coran et dans cette expression, *dîn* ne veut pas dire « religion », terme latin impropre dans la société de Muhammad au VIIe siècle, mais « voie à suivre ». Quant au terme *haqq*, son antonyme dans le Coran est *bâtil*, qui connote non ce qui est faux mais ce qui est vain, inutile et, en tant que tel, dangereux collectivement. Pour moi, ce type d'approche linguistique favorise des tensions créatrices où Dieu devient une quête, une question, et non une solution toute prête. Mais en un temps comme le nôtre, où se fait tellement entendre un besoin de certitudes, proposer une démarche de questionnements qui fait place à l'incertitude suscite de la peur et de l'agressivité.

DH

Oui, il existe une idolâtrie de l'indubitable !

L'histoire : du passé qui ne passe pas ?

JLS

Une question encore, avant d'aborder un autre sujet. Est-ce que l'histoire du judaïsme, des juifs, qui est longue et dramatique, et l'histoire de l'islam et des musulmans, qui est elle aussi « chargée », jouent un rôle particulier quand vous prenez la parole ? Je veux dire : est-ce que les souffrances et les humiliations subies sont présentes dans votre esprit ?

RB

Je parle de périodes historiques, mais je ne me livre jamais à une glorification du passé, comme on en trouve tant dans les discours « officiels » d'aujourd'hui. Il faut savoir faire le deuil du passé et se garder de l'enjoliver au détriment du présent. Nous fûmes « grands », paraît-il (mais « nous » qui ? les Arabes ?). Et alors ? Quelle est notre situation aujourd'hui ? C'est peut-être une forme de consolation dans la misère de notre époque : « Oui, il y a eu la grande civilisation arabo-musulmane. Nous étions forts, nous étions beaux, on nous respectait, etc. » Certains pensent même trouver des formules mathématiques et scientifiques dans le Coran, qui permettraient de comprendre les miracles divins... Tout cela n'est qu'une idéologie de compensation.

Il faut étudier chaque période pour ce qu'elle est, replacer chaque texte et chaque auteur dans son temps, montrer comment ceux-ci répondent à des questions de leur époque, avec les catégories de pensées d'alors. Averroès ne peut pas répondre pour moi aujourd'hui ! Certes, il a été et demeure un « monument » de l'histoire de l'islam, et je peux retenir sa capacité à prendre à bras-le-corps les problèmes de son temps, mais ses catégories de pensée, la représentation du monde qui était la sienne, ne peuvent plus rien pour moi – en tout cas de prime abord. La même chose peut être dite à propos des grands mystiques, comme Ibn 'Arabi ou Ghazali. Ce que j'attends des soufis et des mystiques, c'est plutôt qu'ils éclairent les exigences intellectuelles du temps présent, qu'ils soient capables d'innover comme ont été capables de le faire à leur époque Ibn 'Arabi et Ghazali. Mais on a peur d'innover ! Le discours religieux dominant accorde tellement d'importance à la répétition de la tradition que les gens sont devenus aphones : ils ne parlent plus pour créer et se risquer, ils « sont parlés ». Même les gens qui font encore un peu acte de créativité avertissent, pour s'excuser, qu'ils s'appuient sur le passé ou sur tel savant. Il leur faut l'autorité d'un texte fondateur !

JLS

J'avais en tête l'opposition entre histoire et mémoire. Dans l'histoire de l'islam et dans l'histoire du judaïsme *a fortiori*, il y a des périodes de gloire et d'autres d'humiliation, voire pire. L'humiliation de l'islam a notamment lieu au XIXe (je pense à la colonisation de l'Afrique du Nord et du Proche-Orient). Et le judaïsme a une longue histoire de souffrance, qui passe par la Shoah au XXe siècle.

DH

Il y a une blague juive qui dit que toute l'histoire du judaïsme peut se résumer en trois phrases : ils ont voulu nous tuer, nous avons été sauvés, qu'est-ce qu'on mange ? Cette réflexion humoristique se nourrit d'un certain « narratif » traditionnel : à chaque génération ou presque aurait surgi une figure de l'ennemi, auquel la littérature rabbinique donne le même nom, Amalek, comme si c'était toujours le même être qui se réincarnait d'époque en époque pour tenter de nous anéantir, peu importe le nom qu'il prend à chaque génération.

Cette lecture répétitive de l'histoire est à la fois dangereuse et puissante. D'un côté, elle fait courir le risque de ne lire les événements qu'à travers un seul prisme et de présenter l'ennemi qui se lève comme une simple marionnette remplie d'une haine qui bégaie, en niant le contexte spécifique de chaque manifestation antisémite dans l'histoire. D'un autre côté, cette façon de se raconter les douleurs du passé est aussi une recette particulière pour la résilience. On a voulu nous tuer et cela pourrait se produire encore, mais nous nous relèverons comme nous nous sommes toujours relevés. C'est toute la force de l'imaginaire lorsqu'il répond aux douleurs du passé : il peut favoriser la reconstruction, mais aussi enfermer celui qui l'active dans le refus de faire face à l'inédit qui surgit.

RB

On ne doit pas tenir pour négligeables le sentiment d'humiliation, qui est présent chez beaucoup de jeunes issus des familles de l'immigration, et les réalités qui le nourrissent. Il faut savoir trouver des réponses. Mais quand tout le monde se prend pour une victime, personne n'est plus responsable de rien. Et la victimisation se révèle payante du point de vue médiatique. Nous avons aussi vu comment, hélas, le discours de Daech représente, pour certains, une réponse forte : à travers lui, ils ont eu l'illusion de retrouver une dignité.

JLS

Mais quelle est donc la « résilience » proposée par Daech ?

RB

Daech propose une révolution théologico-politique qui mobilise quatre rêves ou imaginaires :

– l'unité restaurée du monde musulman à travers le califat, à l'encontre d'une démocratie qui ne tient pas ses promesses : souveraineté de Dieu contre souveraineté du peuple ;

– le rêve, toujours puissant, de la pureté réalisée, qui peut aller jusqu'à la purification ;

– l'utopie de la dignité face au sentiment de l'humiliation ;

– l'assurance du salut dans l'au-delà. Faute de donner un sens à sa vie, on cherche à donner un sens à sa mort.

Cette « offre » globale permet aussi de sortir de la culpabilité face à l'histoire des musulmans.

DH

En effet, prêcher qu'on a été victime, annoncer la rédemption finale est facile : cela permet de laisser de côté l'encombrante responsabilité personnelle ou collective dans ce qui nous arrive. La douleur ou l'humiliation donneraient des droits ou justifieraient les attentes du groupe ou de l'individu. Je m'interroge : quel est le rôle des leaders religieux dans ce contexte ? J'ai la conviction que, plus que jamais, face au succès des discours victimaires, il est essentiel pour les leaders religieux d'enseigner la responsabilité, la possibilité pour tout sujet de faire de ses douleurs passées non pas le lieu de revendication de ses droits, mais le pilier de sa résilience et de son statut de sujet agissant, le catalyseur de sa responsabilité.

Tous nos textes rendent possible une parole sur la responsabilité. Pourquoi ne pas choisir d'en faire aujourd'hui le cœur de nos enseignements, dans nos langages religieux respectifs ? Pourquoi ne pas prôner une « théologie de la responsabilité » ?

RB

Parce que la responsabilité ne plaît à personne. Toutes ces *fatwas* sur le halal et le *harâm* qu'on entend aujourd'hui ne sont qu'un moyen détourné pour enlever toute responsabilité aux individus, qui dès lors ne cessent de se demander : Est-ce que j'ai le droit de faire ceci ou non ? Est-ce que c'est halal ou *harâm* ? On leur fournit les réponses et on évite toute décision responsable.

Quelle responsabilité si « c'est écrit » ?

DH

Mais comment l'islam concilie-t-il la question de la responsabilité avec l'idée du *mektoub*, quelque chose qui serait écrit d'avance ? C'est une idée très étrangère au judaïsme. J'ai échangé un jour avec la mère musulmane d'une victime du terrorisme. Je lui ai demandé comment elle arrivait à se lever le matin alors que son fils était mort, et elle a évoqué le *mektoub* : « C'était écrit. Qu'y pouvons-nous ? » J'ai réalisé que, pour moi, cette grille de lecture était inaudible. Comment engager la responsabilité du coupable quand son acte est écrit d'avance et voulu par un transcendant qui préécrit l'histoire ?

Le judaïsme considère en effet qu'il n'y a rien de plus idolâtre que de réduire Dieu à la représentation que les hommes en ont, mais en même temps que nous sommes en permanence engagés dans un dialogue avec le divin, pour qu'éventuellement il change d'avis. C'est comme si on lui disait : « Laisse-nous te convaincre qu'il pourrait en être autrement. » C'est exactement ce que fait Abraham dans la Torah quand Dieu lui annonce qu'il va détruire les villes de Sodome et Gomorrhe. Abraham se lance dans une négociation subtile et ose dire à Dieu : « Comment ? Le juge de toute la terre ferait preuve d'injustice ? » C'est un culot terrible, ce dialogue avec le divin où l'homme avance : « Peut-être que tu as tort, peut-être que tu pourrais revenir sur ta décision. » Et il existe dans le texte plusieurs exemples d'un dieu qui revient sur sa décision ou sur ce qui semblait écrit, parce que l'humanité le convainc qu'il peut en être autrement. C'est le cas par exemple quand Moïse fait changer Dieu d'avis face à la conquête par la guerre d'un territoire ennemi. Dieu finit par admettre que mieux vaut d'abord négocier un accord paisible, comme le lui conseille Moïse. D'autres exemples vont dans ce sens… et suggèrent que Dieu est d'accord pour débattre de ce qui est écrit.

RB

Cette tradition, qui autorise le débat avec Dieu, est sans doute caractéristique du judaïsme. Cependant, les mots, en islam aussi, n'ont que des usages. Qu'entendent les gens dans le mot *mektoub* si souvent prononcé ? Pourquoi cette mère s'est-elle exprimée de la sorte ? On dit en général *mektoub* quand on ne comprend pas les événements, à propos de quelque chose d'indicible, et parfois aussi pour apaiser sa conscience. Quand les gens disent « c'est le *mektoub* », cela veut dire qu'en fait il y a de l'involontaire, ou une incapacité à saisir tous les événements, qu'il y a des choses qui ne dépendent pas de nous. C'est un sentiment intéressant, mais que faire à partir de là ?

La société tribale du VIIe siècle dans laquelle émerge le Coran est une société de l'urgence, soumise à des aléas constants et difficilement prévisibles du fait du terrain sur lequel elle est implantée, le désert. Le surnaturel est alors pensé comme un rapport d'alliance avec des puissances protectrices, auxquelles s'opposent des puissances surnaturelles terrifiantes qui sont liées au désert et à ses dangers.

Dans cette société, bien avant le Coran, les *djinns* – des « esprits » qui peuvent être aussi bien bénéfiques que maléfiques – avaient la capacité de connaître le destin et avaient un rôle de médiateur avec lui. Les Arabes de l'époque cherchaient donc à se les concilier, pour contourner ce dernier en cas de mauvais présage. En ce sens, le *mektoub* n'est pas un fatalisme, mais plutôt une manière de conjurer le futur. Il est vrai que, dans l'exemple que vous donnez, il indique une sorte de fatalité acceptée.

JLS

Mektoub veut bien dire : « Dieu le veut » ?

DH

Non, je traduirais : « C'est écrit », dans le sens de « C'est ton destin ».

RB

Oui : « C'est écrit. » Sauf que nul n'a accès à cet « écrit » ! Il s'agit bien du destin, mais j'insiste : en le ramenant à de l'imprévisible qu'on aimerait connaître. Le Coran utilise un autre terme pour parler du destin des hommes : le *ghayb*.

DH

Est-ce l'imprévisible tel que l'expérimente le Bédouin dans le désert ?

RB

Quand les Arabes de l'époque allaient d'un point A à un point B, ils devaient pouvoir faire face à tous les imprévisibles, sinon ils risquaient leur vie. On cherchait à connaître le futur pour, en cas de mauvais présage, tenter de le contourner. Il ne s'agit plus là de fatalisme, mais plutôt d'effort, voire de ruse, pour arriver à ses fins. Aujourd'hui, quand les gens disent *mektoub*, ils se consolent et en même temps disent qu'il y a un dessein de Dieu que l'individu ne comprend pas. Il y a l'idée de s'en remettre à Dieu avec confiance. On ne se bat pas avec Dieu ; on ne l'interroge pas sur le pourquoi et le comment, comme dans la Bible. Le Coran indique une humilité fondamentale : il y a de l'involontaire dans l'existence, je ne suis pas maître de tout et je le reconnais ; cela peut paraître parfois absurde pour certains, ou un signe de passivité qu'ils récusent.

DH

Mais cela freine-t-il la prise de responsabilité ?

RB

Au contraire ! C'est là que la responsabilité commence ou devrait commencer, quand on comprend qu'il y a de l'involontaire, de l'inconnu et que certaines choses ne dépendent pas de nous. En réalité, il y a une tension : des choses qui ne dépendent pas de nous et d'autres qui dépendent de nous. Un hadith – authentique ou non – fait bien le partage : il parle d'un homme venu avec son chameau pour la prière. Le Prophète lui enjoint d'attacher son chameau. L'homme répond : « Pas d'inquiétude ! Dieu va le garder. » Le Prophète lui dit alors : « Attache ton chameau et demande à Dieu de le garder. » S'en remettre à Dieu ne signifie donc pas s'exonérer de sa propre responsabilité.

Chapitre 2

Loi, liberté, identité

JLS

La loi, la norme, les prescriptions et tout ce qui en découle pour la vie des hommes : c'est un thème important dans les trois monothéismes. Et si on le comprend comme la « loi de Dieu » qui s'impose de l'extérieur aux humains, c'est aussi un thème irritant pour les modernes. J'ai donc envie de vous demander d'abord : que dites-vous à celle ou à celui à qui vous présenteriez la Loi s'il vous interroge à son sujet ? Par exemple, « bêtement », la loi est-elle l'opposé de l'amour ?

Loi et coutume

DH

Je ne compte pas le nombre de fois où j'ai entendu caricaturer ainsi la différence entre le christianisme et le judaïsme : « Pour le christianisme tout est amour, et pour le judaïsme tout est loi. » C'est évidemment faux, car l'amour et la Loi, la bienveillance et la rigueur, dialoguent dans toutes nos traditions religieuses – il est vrai selon des voies différentes, des modalités particulières et des lectures propres du sens de l'amour et de la Loi.

Dans le judaïsme, un concept est central : c'est celui de *halakha*. On le traduit par « Loi », mais *halakha* est plutôt la Loi vécue au quotidien, la jurisprudence de son application, et il faudrait plutôt dire que c'est la « voie », le « chemin ». Une façon de marcher, donc, une mise en route, un cheminement. Or, on a parfois l'impression que la *halakha* est précisément ce qui est figé dans le judaïsme et ne tolérerait aucune évolution. C'est en principe une « mise en route », mais nombreux sont ceux (juifs ou pas) qui la perçoivent comme inchangée, fixée une fois pour toutes, dans une permanence intemporelle.

C'est étonnant, car notre entretien a commencé avec la question de l'interprétation des textes et l'exégèse dans l'histoire. L'interprétation dans le judaïsme est centrale, et notamment l'idée qu'un texte n'a jamais fini de parler et qu'il peut encore résonner de sens nouveaux, dans un temps nouveau. Cela ne pose aucun problème aux interprètes du Talmud que tel sage comprenne tel mot comme ceci et tel autre sage comme cela, qu'on interprète tel ou tel verset dans un sens à un moment, et à un autre moment dans un sens contraire. Mais dès qu'on touche à la *halakha*, c'est comme si tous les voyants étaient au rouge : il importe de déterminer une loi unique. Comme si ne plus respecter la même *halakha*, appliquer la Loi différemment, avoir d'autres coutumes, c'était mettre en question l'unité et la cohésion du peuple. Où est le problème ? C'est que, si tel rabbin déclare que telle chose est casher et que tel autre déclare que ça ne l'est pas, alors on n'est plus dans l'exégèse, mais dans la question de la ritualisation commune.

Comment fixer les frontières de la *halakha* ? Une telle question repose sur une illusion : on s'imagine que la *halakha* est un bloc monolithique qui se serait transmis de façon inchangée de génération en génération. Qu'on aurait toujours pratiqué ou ritualisé de la même manière. Mais c'est un mythe : la *halakha* a évolué, comme l'a fait l'interprétation ! Celle d'un rabbin à une époque et dans un contexte donnés ne sera pas celle d'un autre, ailleurs.

JLS

Juste une question : en parlant de la Loi, je pensais spontanément à la Torah. Pourquoi ne pas l'évoquer ? Chez ceux qui sont extérieurs au judaïsme, tout le monde connaît le mot Torah. Le Pentateuque, c'est la Torah : n'importe quel catéchisme chrétien emploie maintenant ce mot.

DH

Pour la tradition juive, la Torah, ce n'est pas simplement un *texte*. Quand on utilise le mot Torah, il peut désigner des choses différentes : on peut parler du Pentateuque lui-même (les cinq premiers livres de la Bible) ou bien de tous les enseignements dérivés du Pentateuque. Cela peut inclure les légendes des rabbins, les commentaires des sages ou encore, justement, la *halakha*. Tous constituent une Torah au sens d'un enseignement.

Encore une fois, le judaïsme n'a aucune difficulté, j'allais dire aucune limite, pour interpréter le texte de la Torah. La Torah, c'est ce à quoi et par quoi on est « texté », c'est-à-dire relié à un texte. Le fait qu'on soit relié au même texte sans le lire de la même manière ne pose aucun problème dans la religion juive. On peut tous appartenir à la même tradition et ne pas lire le texte de la même façon, à partir du moment où on s'intéresse à la façon dont d'autres l'ont lu avant nous, et que ces lectures ne nous laissent pas indifférents, mais orientent et guident notre relecture.

JLS

C'est le contraire pour la Loi au quotidien, la *halakha* ?

DH

Oui, les problèmes se posent dans la pratique, à propos de la manière dont on est censés vivre, de ce qu'on est censé pratiquer, de ce qui codifie notre vie. À travers le rapport à la Loi est posée la question de la cohésion du peuple et donc de ses frontières. Qu'est-ce qui fait que l'autre reste encore juif ou fait encore partie de mon groupe, si sa vie n'est plus guidée par les mêmes principes ? Puis-je reconnaître ou pas son interprétation différente de la Loi dans ses actes ?

Aujourd'hui, c'est un sujet de tensions très fort entre plusieurs sensibilités juives. Mais il n'y a pas eu de schisme à proprement parler : les juifs font tous partie aujourd'hui d'un judaïsme où les diverses sensibilités ont un rapport très différent à la Loi, à ce qu'on peut faire, à la façon dont on peut vivre ou doit vivre sa vie, aux injonctions des commandements (*mitsvot*) dans notre existence.

JLS

Prenons un exemple concret, qui vous concerne particulièrement : qu'est-ce qu'être rabbin ? Comment un orthodoxe, ou un ultra-orthodoxe *a fortiori*, vous voit-il, vous, femme rabbin ?

DH

C'est une question intéressante, mais elle ne relève pas à proprement parler de la Loi. Laissez-moi vous expliquer : l'idée d'une femme rabbin n'est pas contraire à la *halakha*. Aucune loi n'interdit à une femme d'être rabbin, c'est-à-dire enseignante ou leader spirituel d'une communauté, et pourtant certains considèrent que « ce n'est pas la coutume ». Alors ils s'abritent derrière la force du droit coutumier en disant ; « Il n'en a jamais été ainsi. Qui sommes-nous pour changer une habitude ou un usage ancestral ? », et au nom de ces arguments de « stabilité », ils refusent à une femme la possibilité d'accéder à cette fonction.

Par ailleurs, est parfois mis en avant l'argument de la pudeur, ou de la sphère domestique – qui serait le lieu privilégié de la femme dans l'esprit des plus conservateurs. Qu'une femme puisse mener un office devant des hommes, parler au nom de la communauté, est perçu comme une transgression ou une impudeur par une partie du monde orthodoxe.

La réponse à votre question n'est donc pas simple : il n'y a pas de problème halakhique (légal) en soi, et dans la Loi juive rien ne s'oppose à ce qu'une femme soit rabbin. Pourtant, c'est un changement de coutume que beaucoup n'admettent pas. C'est d'ailleurs particulièrement le cas dans l'orthodoxie juive française, qui s'illustre aujourd'hui par un conservatisme très fort sur cette question. Il existe en Israël et aux États-Unis des voix orthodoxes favorables au leadership religieux féminin. Il y a même des femmes rabbins orthodoxes dans de nombreuses synagogues. Mais ici, on refuse d'en parler ou même de le faire savoir, et on préfère décrire ce phénomène comme « libéral » et transgressif.

JLS

La notion de « coutume » est donc essentielle ?

DH

C'est en tout cas à cela que l'on s'accroche pour nier la possibilité d'une évolution de la pratique. L'orthodoxie conservatrice affirme que ce que des gens ont fait dans le passé, la manière de vivre d'une communauté en un lieu ou un temps donné, ont valeur de loi, comme s'il s'agissait d'un enseignement reçu de Dieu au mont Sinaï. Elle dit : « Nous ne pouvons pas changer la jurisprudence, ce qui a été dit par les sages, ou pratiqué pendant longtemps, nous contraint », alors que les mouvances libérales vont avancer que, parfois, être les héritiers de nos ancêtres consiste précisément à faire preuve de la même capacité interprétative et à avoir le même culot de lecture qu'eux pour revisiter le rite et les normes. À situation inédite, interprétation inédite !

Certains s'imaginent effectivement que le rite, ou la ritualisation, ne relève pas de la responsabilité, mais d'une obéissance qui interdirait tout questionnement. C'est un malentendu, me semble-t-il, car le rite invite à reprendre la réflexion, à dépasser l'instinct, à structurer son existence de telle sorte qu'on soit ramené à sa responsabilité propre en permanence. Pour beaucoup de croyants, la question essentielle devient : est-ce que c'est autorisé ou non ? Et ils s'en remettent à la voix des « sachants » pour se défausser.

La norme qui accable

RB

En écoutant Delphine, j'ai l'impression qu'elle décrit ce qui se passe dans une grande partie de la communauté musulmane ! Y compris lorsqu'il s'agit de l'accès des femmes à des fonctions religieuses, en l'occurrence l'accès à la fonction d'imam. Dans les textes fondateurs, on ne trouve rien qui l'interdise. Mais la tradition séculaire prétend s'imposer comme une vérité éternelle. Or, il apparaît que, dans les républiques musulmanes de l'Union soviétique, à l'époque des persécutions religieuses, des femmes ont exercé cette fonction alors que les hommes ne le pouvaient plus. Ces dernières années, des femmes imams se sont levées dans différentes mosquées « inclusives » (inclusives des valeurs progressistes, d'où ouvertes aux homosexuels, femmes, etc.), aux États-Unis, en Afrique du Sud et en Europe (à l'image de l'universitaire américaine Amina Wadud), mais elles sont condamnées par les instances gardiennes de l'orthodoxie, que celles-ci soient sunnites ou chiites. Cependant, au Maroc, le roi Mohammed VI, voici une douzaine d'années déjà, a voulu l'émergence de prédicatrices chargées de transmettre un savoir religieux aux femmes musulmanes.

En islam aussi, il faut situer historiquement la question de la loi, car le rapport à celle-ci ou au prescriptif – je préfère ce terme – n'est pas du tout le même selon les sociétés, les cultures ou les moments historiques de l'islam. Delphine parlait tout à l'heure de la *halakha* comme de la « voie ». On trouve aussi cette idée dans le Coran avec la *shari'a*. Ce mot n'y apparaît qu'une seule fois (45, 18), pour désigner la voie à suivre et pas du tout une quelconque législation. Même chose pour le mot *sunna* qui désigne la voie à suivre – celle de Dieu –, alors qu'il n'est pas du tout question de la « *sunna* du Prophète » dans le Coran. Et la première sourate, la Fâtiha, dit : « Guide-nous sur la "voie rectiligne" » (1, 6). Cette « guidance » est une fonction fondamentale dans les sociétés d'Arabie, car perdre la route dans le désert, c'est mourir. Je commente volontiers devant les étudiants : il ne faut donc pas penser que l'on est déjà sur la voie droite, sinon on ne demanderait pas à Dieu de nous y mettre !

Le Coran utilise le terme *shari'a* quand Muhammad se retrouve face aux juifs de Médine, qui ne le reconnaissent pas comme prophète. Le texte dit : « Ne suis pas leur *shari'a* », c'est-à-dire : « Ne suis pas leur voie ». En arabe ancien, la *shari'a* est la voie qui mène à un point d'eau affleurant, de sorte que le Bédouin n'a pas besoin de creuser un puits pour accéder à l'eau. Cela permet au troupeau de s'abreuver. En arabe littéraire ou en arabe classique aujourd'hui, *shâri'*, c'est aussi le boulevard.

Le Coran ne parle donc pas de « loi » à strictement parler. Il s'appuie beaucoup sur les us et coutumes de la société dans laquelle il émerge, sur ce qui y est reconnu comme valable et utile. Or, il s'agit d'une société où prime le pragmatisme. Le Coran n'y apporte pas une révolution anthropologique, il est plutôt en continuité avec elle ! Et quand il essaie d'améliorer les choses en termes de justice ou de solidarité, on constate qu'il se heurte au « mur anthropologique » existant. Beaucoup de règles qu'on trouve dans le Coran et qui sont devenues des règles de l'islam sont en réalité des règles de la société des premiers temps de l'islam.

JLS

Pouvez-vous en donner un exemple ?

RB

On le voit clairement dans un passage de la sourate 24. On se trouve à Médine, où le Prophète a été contraint de se réfugier après avoir été chassé de La Mecque, sa cité natale. C'est un ensemble d'oasis où vivent cinq tribus, dont trois tribus juives. On y pratique largement l'agriculture. Là, Muhammad est un citadin confronté à des mœurs de nomades qui ne sont absolument pas les siennes. Il prendra progressivement le contrôle politique de cette cité-oasis de Médine, mais les populations resteront organisées dans le cadre des tribus ou, au mieux, dans celui d'une confédération tribale (et non pas dans le cadre d'un « État musulman », comme le prétend tout un discours apologétique). La sourate 24 invite à « baisser les regards, à couvrir une certaine partie du corps, à ne pas entrer chez les gens avant d'avoir frappé », avant de s'adresser aux maîtres propriétaires de femmes esclaves qu'ils n'hésitent pas à prostituer. Elle précise que si des femmes esclaves veulent rester chastes et cherchent à se marier, il faut que leurs maîtres leur donnent leurs biens et les marient. Mais, est-il indiqué, si elles sont contraintes malgré tout à se prostituer, Dieu pardonnera à ces femmes.

Ici, le Coran cherche donc manifestement à adoucir la condition des esclaves, et à prôner l'affranchissement et la non-prostitution. Sauf qu'il ne peut qu'*inciter* les maîtres à se comporter ainsi. De même pour la prostitution des jeunes esclaves : il ne peut en aucun cas imposer des règles nouvelles. Ce sont les règles et la coutume locale qui prévalent.

Plus tard, quand l'islam va se développer, les Omeyyades vont essayer d'harmoniser les us et les coutumes dans tout leur empire, mais leur logique ne sera pas de forcer les populations à se convertir : ils vont préférer leur faire payer un impôt de capitation pour prix d'une protection des « dhimmis » (les juifs et les chrétiens), bien plus avantageuse pour eux ! L'islam du premier siècle s'est révélé être d'abord une alliance socio-ethnique arabe fondée principalement sur une *unité linguistique*, celle de la forme d'arabe qui dominait comme langue de communication dans la péninsule arabique. À partir de 750, en revanche, quand les Abbassides ont renversé les Omeyyades avec le soutien de non-Arabes, ils se sont appuyés sur la religion et non plus sur la langue, en mettant en place toute une jurisprudence musulmane. Autrement dit, ils ont unifié, sur de vastes territoires, des us et des coutumes très différents, en utilisant un ciment religieux à composante largement juridique.

De là est né le sunnisme, avec plusieurs écoles juridiques dont quatre ont subsisté jusqu'à nos jours (par ordre d'apparition : le hanafisme, le malékisme, le chafi'isme et le hanbalisme). Attachées à la même doctrine théologique, celle de l'ash'arisme (qui, au Xe siècle, a vaincu le mu'tazilisme qui faisait davantage appel à la raison), ces écoles présentent des points d'insistance différents, notamment en matière de liberté d'interprétation de la loi. Ainsi, les hanafites (majoritaires en Turquie) prônent une jurisprudence d'après laquelle il faut préférer la règle qui facilite le plus possible la vie des croyants. Le rite malékite (qui domine dans tout le Maghreb et dans les pays du fleuve Sénégal) privilégie quant à lui le principe de l'utilité : la norme ne doit pas contrecarrer le vivre-ensemble (pour reprendre le langage d'aujourd'hui), mais le favoriser. Le hanbalisme, dominant en Arabie devenue saoudite, prône, quant à lui, un islam des plus rigides. Le chafi'isme n'utilise que les hadiths réputés scrupuleusement « authentiques », il considère le consensus des compagnons du Prophète comme troisième source de la loi islamique.

JLS

C'est parce qu'il y a ces écoles que le juridique s'est imposé partout en islam, non ?

RB

Avec ces écoles, le juridique l'a, en effet, emporté partout, dans un souci de domination et d'harmonisation politiques, tandis que le théologique et le spirituel ont été marginalisés. De nos jours, surtout depuis une quarantaine d'années, la jurisprudence est en inflation. Tout est réglé à coups de décisions juridiques, de *fatwas* : ai-je le droit de faire ceci, de faire cela ? Ce phénomène – contemporain – a plusieurs sources, parmi lesquelles la création de l'université de Médine, en 1961, par les savants religieux wahhabites alliés de la famille des Ibn Seoud : elle a acquis depuis un rayonnement mondial. Au XVIIIe siècle, cette famille de chefs tribaux, soucieuse de dominer toute l'Arabie, s'est associée au savant ultra-réactionnaire Muhammad ibn 'Abd el-Wahhaâb par un pacte toujours respecté par leurs descendants ou disciples. Après être parvenus à arracher aux descendants de la famille du Prophète (les Hachémites) les cités saintes de La Mecque et de Médine, et à prendre le contrôle de l'essentiel de la péninsule au prix de dizaines de milliers de morts (l'Arabie est devenue « saoudite » en 1932), notamment grâce à la confrérie militaire des Ikhwân (les « frères »), les Seoud, sous la pression des savants religieux wahhabites et grâce à l'argent du pétrole, ont fait le choix d'une « réislamisation » du monde selon leur conception de l'islam, autrement dit d'une « wahhabisation » de l'islam. Savants et princes de l'Arabie saoudite réfutent cependant l'appellation de « wahhabites », affirmant n'être que des « salafistes », c'est-à-dire des « suiveurs » des premiers compagnons du Prophète (le mot *salaf* désigne les pieux ancêtres). Mais leur islam singulier, qui rejette toute « innovation blâmable » inscrite dans l'histoire et dans les cultures, est devenu influent partout et se montre capable de transformer l'islam traditionnel des différentes contrées musulmanes ou des pays d'immigration.

La visée éthique de l'islam ainsi que sa composante théologique disparaissent ainsi au profit de la dimension normative. Le salafisme actuel – qu'il s'inspire plus ou moins consciemment de l'islam saoudo-wahhabite ou du mouvement puritain des Frères musulmans – est en train d'imposer partout sa version légaliste de l'islam, un islam juridique finalement très pauvre intellectuellement et spirituellement. La question du voile, par exemple, est devenue purement juridique. Il en va de même pour l'obligation de se laisser pousser la barbe ou non, de la « tenue islamique » que le « vrai musulman » devrait porter à la suite du Prophète, etc. L'islam et les musulmans d'aujourd'hui crèvent ainsi de la norme, de prescriptions qui sont le fruit d'une histoire longue et complexe parfaitement contingente.

DH

C'est là que le rite marche sur la tête. Ce qui devrait être porteur de sens s'égare. Cela me rappelle une légende rabbinique qui dit que la moindre action d'un sage peut raconter sa sagesse, et qu'il faut par exemple être capable de regarder comment le maître noue les lacets de ses chaussures pour en tirer un enseignement. Même la façon dont il lace ses chaussures dit quelque chose de la transcendance qui l'habite. Chez certains, cette invitation à étudier devient ce qu'on pourrait appeler une « obsession du lacet de chaussure ». Le rite s'effondre sur lui-même : il ne s'agit plus *que* de nouer ses lacets comme le rabbi, alors qu'au départ, l'idée était d'engager grâce à cette observation une réflexion spirituelle. Finalement, le rite devient une impasse, et l'émancipation mentale ou spirituelle qu'il sous-tend se fait aliénation.

Une autre histoire juive raconte qu'un jour un homme entra dans une synagogue où il n'était jamais allé et remarqua que, pendant la prière, tous ceux qui marchaient près de l'arche s'inclinaient précisément au même endroit de la pièce. L'homme trouve cela étrange : il n'était jamais entré dans une synagogue où une communauté faisait cela. Il demanda d'où venait cette coutume, mais personne ne sut lui répondre. Quelqu'un suggéra d'interroger le plus vieux fidèle de la communauté, qui se contenta de lui dire : « Ah oui, il y a quelques années, à cet endroit précis, il y avait un lustre assez bas. On l'a retiré, mais il n'y a rien à faire : les gens continuent de se baisser. »

Cette histoire résume parfaitement la force de la coutume : on ne connaît pas toujours l'origine de la pratique, mais parfois le geste perdure sans être interrogé par la génération nouvelle, qui lui donne valeur d'héritage sacré. Voilà qui interroge la responsabilité de celui qui pratique : dois-je toujours me pencher au même endroit que mes ancêtres, sans m'interroger sur l'histoire de leur geste ?

JLS

Il y a un texte de Freud concernant les actes obsessionnels dont le sens s'est perdu…

DH

Oui, c'est parfois l'ambiguïté du rite. Il est support d'élévation, mais fait parfois courir le risque d'une obsession compulsive. Ce qui pourrait être un pilier de verticalisation menace alors d'écraser la personne en lui déniant toute prise de responsabilité ou liberté de conscience.

RB

Je vois le développement d'une forme de culpabilité inquiète chez toute une partie des musulmans. La peur d'être « hors la règle » ! Certains jeunes, en particulier, sont dans une préoccupation obsessionnelle d'imitation du Prophète. Avec eux, j'ai parfois l'impression d'assister à une sorte de « christianisation » de l'islam, tant ils sacralisent la figure de Muhammad, à travers une norme dont il serait le fondateur et le révélateur. Le Coran qualifie Muhammad (33, 21), mais aussi Abraham (60, 4), de « modèles à suivre » (*uswa hasana*).

JLS

Est-ce que cela signifie que Muhammad est un modèle à suivre en tous points ?

RB

Le passage coranique que je viens de citer reconnaît Muhammad comme un bon modèle pour ceux qui sont dits attendre du bien d'Allah et qui espèrent du Jour dernier qu'il leur sera favorable s'ils se sont bien conduits en ce monde, ce à quoi le messager d'Allah les aurait incités. Signe de sa bonne conduite ou de son allégeance, ce groupe célébrerait Allah avec constance.

Il apparaît clairement qu'est totalement étrangère à ce passage l'idée que le Prophète est un modèle à imiter en tous points (habillement, nourriture, comportement quotidien), tel que l'a interprété la tradition postérieure. On est en effet ici dans une perspective eschatologique. La fonction du « messager » rejoint la thématique coranique récurrente de la guidance, qui amène l'homme à bien se conduire vis-à-vis de son groupe et à entrer dans la bonne alliance, celle d'Allah.

JLS

Pour certains musulmans, le *halal* semble devenu un pilier supplémentaire de l'islam.

RB

La surenchère fondamentaliste, alliée au capitalisme mondialisé comme l'a bien montré Florence Bergeaud-Blackler[1], provoque une extension incroyable du halal. Avant, il n'y avait pas tout ce « business *halal* » ; le

1. *Le Marché halal ou l'invention d'une tradition*, Paris, Seuil, 2017.

caractère halal de la nourriture n'obsédait pas les gens. Nos parents nous disaient que, dans un pays chrétien, un musulman pouvait manger la viande des « gens de l'Écrit », excepté du porc. (Et encore ! Le Coran [2, 172] dit que, s'il n'y a rien à manger et qu'on risque de mourir d'inanition, le musulman peut en consommer. Nécessité fait loi !) Il y avait toujours une possibilité de s'arranger… Mais aujourd'hui, on ne veut pas s'arranger ni négocier. Du coup, c'est le rapport de force permanent, et l'orthopraxie devient de plus en plus arrogante.

Le halal est devenu un marché international juteux pour une grande partie de ceux qui s'y adonnent et qui, au demeurant, ne sont pas tous – loin de là ! – des musulmans (notamment en France, dans les grandes enseignes de supermarchés). De plus en plus, les musulmans ne peuvent plus manger la nourriture des « autres », s'habiller comme la majorité de ceux qui les entourent, utiliser les mêmes crèmes de soin ou de maquillage… Cette « halalisation » de l'islam sert les intérêts (idéologiques, politiques, financiers) de ceux qui veulent « communautariser » toujours plus les musulmans, mais elle crée de la division chez les musulmans et au sein des peuples, tout en suscitant aussi de la culpabilité chez les musulmans qui, jusque-là, appliquaient avec souplesse les règles dictées par les instances de savoir et de pouvoir. Même les plus sécularisés d'entre eux finissent par être habités de doutes, à force d'entendre dire que, s'ils ne mangent pas comme ceci ou comme cela, ils finiront en enfer. L'« halalité » est devenue le cœur de l'islam ! Pourtant, le halal ne fait pas partie des cinq piliers de la pratique enseignés de génération en génération ! L'obsession du rite, du « bien faire » selon les oukases religieux les plus radicaux, semble sans fin : j'ai reçu des messages selon lesquels les musulmans peuvent de nouveau manger des fraises Tagada, car il en existerait sans gélatine de porc ! Quant à la tenue vestimentaire qui tend à s'imposer chez certains musulmans parce qu'elle aurait été celle du Prophète, il faut rappeler que Muhammad n'était sans doute pas habillé en « musulman » puisqu'il n'y avait pas encore, en son temps, de musulmans au sens d'adeptes d'une religion bien établie. Pas plus que les premiers combattants n'étaient habillés par Nike ou Reebok…

Encore et toujours la quête identitaire

DH

On invoque toujours la même fiction narrative de l'immobilisme pour se justifier : « Il en a toujours été ainsi ! » ou bien : « Cela fait longtemps que c'est comme ça ». Il est d'ailleurs intéressant de noter que des voix progressistes ou libérales mettent en avant, elles aussi, l'argument coutumier. C'est le cas par exemple lorsqu'elles demandent que soit reconnue la pleine légitimité de leurs propres traditions. Prenez l'exemple des espaces de prière mixtes dans les synagogues libérales. Les voix progressistes disent : « Voilà des siècles que les juifs prient ainsi dans nos synagogues… N'est-ce pas une tradition qui par son ancienneté fait maintenant jurisprudence ? » Bien entendu, les plus ardents partisans du « respect de la coutume locale » trouvent soudain l'argument de la coutume irrecevable. Pas question de l'entendre quand il est invoqué par d'autres ! La seule norme respectable à leurs yeux reste généralement… la leur.

RB

Il arrive que plus des prédicateurs interdisent de choses, plus ils ont de succès ! On doit pouvoir trouver une explication psychanalytique à ce besoin de normes strictes chez certains. Chez de nombreux jeunes, on pressent l'angoisse de la liberté et le besoin de cadres qui peuvent favoriser une structuration personnelle.

J'ai travaillé sur les hadiths, sur leur élaboration dans le temps et les espaces. Nombre d'entre eux sont empruntés à d'autres religions, principalement au judaïsme et au christianisme. Celui-ci, par exemple, issu du Talmud : « La voix de la femme est nue, c'est une nudité. » Cet emprunt n'est pas étonnant : il va dans le sens de la tradition musulmane.

Comme je l'ai déjà dit, une grande partie des hadiths a été produite par les nouveaux convertis à l'islam du IXe siècle, sous la dynastie des Abbassides. L'islam change alors de monde. Il a quitté les reliefs arides de l'Arabie pour des contrées où se sont épanouies depuis longtemps de grandes civilisations (Perse, Mésopotamie, Syrie, Égypte) qu'il va féconder de son dynamisme naissant, mais dont il va aussi se nourrir. Se met alors en place toute une littérature qui va universaliser l'islam : la *sîra*, biographie élogieuse du Prophète, les hadiths, l'exégèse… On s'est retrouvé dans une sorte d'hybridation interculturelle et interreligieuse, où de nombreux éléments du judaïsme, du christianisme (y compris de ses hérésies), du zoroastrisme des premiers siècles de notre ère sont entrés en islam ; les adeptes du Prophète ont alors réinvesti et intégré dans l'islam, à leur manière, l'histoire et la mémoire de ceux qui les avaient précédés.

On est loin de la pureté rêvée par nos salafistes, à commencer par les salafistes « quiétistes » ou « pacifiques », qui sont – heureusement ! – les plus nombreux. Quand je démontre à certains d'entre eux que j'ai l'occasion de croiser que des éléments de la tradition musulmane viennent du Talmud, ils tremblent sur leurs bases en protestant que ce n'est pas possible. Aujourd'hui, certaines tendances de l'islam me font d'ailleurs penser au judaïsme ultra-orthodoxe. Pardon de l'exprimer aussi crûment : je dis parfois qu'il suffit de regarder le judaïsme ultra-orthodoxe actuel pour prévoir ce que va devenir une large partie de l'islam dans les années qui viennent. Car c'est majoritairement à une « révolution conservatrice » qu'on assiste dans le monde musulman, surtout depuis les années 1970 (après la guerre du Kippour de 1973, où l'Arabie saoudite a pris la tête de ce mouvement de réislamisation ou de « nouvelle islamisation » du monde dont j'ai déjà parlé). Une des différences centrales entre le judaïsme ultra-orthodoxe et cet islam salafiste wahhabite est, bien entendu, le fait que le judaïsme se refuse à être prosélyte, alors que l'islam salafiste (dans ses différentes versions) l'est de manière prioritaire.

DH

On trouve aussi des traces évidentes de l'influence qu'a exercée le monde environnant sur des pratiques et des rites juifs, selon les implantations géographiques des diverses communautés. Le judaïsme marocain, par exemple, est porteur dans son folklore et ses rites de certaines pratiques et croyances empruntées à l'univers culturel de l'Afrique du Nord. Certains mouvements ultra-orthodoxes, de leur côté, sont fortement inspirés dans leur tradition vestimentaire par les coutumes médiévales d'Europe de l'Est.

C'est cela qui est surprenant dans une tradition religieuse : soudain une influence extérieure, liée à un contexte culturel spécifique, acquiert un cachet d'authenticité. Pourtant, l'influence extérieure est niée… au point de convaincre certains qu'il en a toujours été ainsi et que, pour caricaturer, Moïse aurait pu descendre du mont Sinaï habillé comme rabbi Jacob et coiffé du chapeau en fourrure traditionnel du monde hassidique.

RB

À l'origine, toutes nos grandes religions ont une dimension syncrétique. Elles ont toutes une « préhistoire » qui les relie à des religions précédentes qui les ont en partie nourries : les anciennes religions babyloniennes, mésopotamiennes, égyptiennes et perses pour le judaïsme et pour le christianisme ; les religions gréco-romaines pour le christianisme ; le judaïsme, le christianisme, mais aussi les anciennes religions nabatéennes et perses pour l'islam… Ainsi, aucune personne cultivée ne peut ignorer que le récit biblique de Moïse, bébé sauvé des eaux, comporte des parentés étonnantes avec le récit de la naissance du roi Sargon d'Akkad, roi assyrien qui a vécu vingt-deux siècles avant l'ère commune ! Le Coran contient des récits qui étaient déjà rapportés auparavant par des écrits apocryphes chrétiens (comme le Proto-Évangile de Jacques pour ce qui est de l'enfance de Marie et de Jésus) ou dans des récits merveilleux issus de la culture grecque ou de l'Antiquité chrétienne (comme les références à Alexandre le Grand et aux « Sept Dormants », qu'on trouve dans la sourate 18 intitulée « La Caverne »). C'est la première chose qu'il faudrait intégrer : le mélange présent dès les origines. Cela nous aiderait à mieux assumer la tension entre ouverture et préservation du trésor de la foi.

Les fondamentalistes de toutes religions pensent pouvoir revenir à l'origine de leur religion, aux premiers moments de sa manifestation, à la pureté du temps de la Révélation… En réalité, ils réinventent ces origines, une tradition qui n'est pas la tradition authentique, d'une part parce qu'on ne peut jamais revenir aux origines et d'autre part parce que, contrairement à ce qu'ils croient, la tradition première avait une épaisseur plurielle. C'est la recherche de l'univocité qui me surprend toujours dans le fondamentalisme, le fait que l'idée de la pluralité est complètement niée.

JLS

Que craignent donc les gens religieux quand ils ne respectent pas la Loi ? D'être damnés et d'aller en enfer ? Ou, plus anthropologiquement, craignent-ils le désordre du monde, une sorte d'anarchie ou des anomies mortelles ?

DH

C'est très difficile de répondre à cela, car le rapport des uns et des autres au rite ou la croyance n'est pas le même. Certains ont ce qu'on appellerait la « foi du charbonnier » : ils pensent que, s'ils ne mangent pas casher, Dieu leur en voudra, qu'il y aura une punition pour cette rupture de contrat avec lui. Mais de nombreux juifs très traditionalistes vous diront que la Loi, ou plutôt le rite, structure leur vie, les rattache aux générations passées, consolide leur lien au groupe… ou que c'est paradoxalement un support essentiel de leur liberté. Le judaïsme, philosophiquement parlant, ne conçoit pas la liberté sans contraintes. Il n'y a pas de vie libre s'il n'y a pas quelque chose qui structure l'existence et crée un cadre où s'exerce cette liberté. La *halakha* peut en principe jouer ce rôle : être un support de mouvement, de cheminement, comme son nom l'indique, et même être un support de liberté. Mais cela est vrai à condition que le rite ne soit pas vécu comme une finalité en soi, ou une façon d'obtenir que Dieu vous ait « à la bonne ».

Personne, dans le judaïsme, ne sait à quoi cela sert de pratiquer. Si vous demandez à quelqu'un pourquoi il mange casher, c'est-à-dire quel est le sens de la *casherout*, il sera bien en peine de répondre. Certains mangent casher parce que c'est un ordre divin, ou que cela permet d'introduire de la réflexion dans une action, ou encore parce que nos ancêtres le faisaient… Il y a mille façons de parler de cette pratique, comme il y a bien des niveaux de pratique. Personnellement, je mange casher. Ma pratique de la *casherout* paraîtra très rigide à certains, mais sans doute trop souple à d'autres. Ce rite est pour moi générateur de pensée et créateur d'un lien à une histoire, lien vertical aux générations passées et lien horizontal dans mon rapport au monde et aux autres.

Léon Askhenazi, un intellectuel juif du XXe siècle, surnommé Manitou, a dit un jour : « Prends garde à ce que la *casherout* ne te cache pas la route. » Un joli jeu de mots qui enseigne ceci : « Assure-toi que le rite qui peut te guider ne devienne pas ce qui t'aveugle. »

RB

Contrairement à ce pensent beaucoup, musulmans comme non-musulmans, le Coran contient en réalité très peu de prescriptions précises. Dans beaucoup de passages, Dieu dit : « Pourquoi interdisez-vous ce qui n'est pas interdit ? » – comme s'il y avait chez les auditeurs une tendance à rajouter de la norme. Il y a même un passage où Dieu manifeste sa colère contre des juifs de Médine à propos de prescriptions ! S'ils entrent dans l'alliance (des tribus qui suivent le Prophète), elles seront allégées. Le Coran ne pratique pas la surenchère des prescriptions que certains voudraient lui attribuer.

Mais beaucoup de jeunes musulmans sont travaillés de nos jours par l'idée de la fin des temps, ce qui correspond probablement à leur angoisse générale face aux incertitudes de l'avenir. On peut facilement l'observer en s'arrêtant dans des librairies islamiques, qui présentent des livres sur ce thème, et notamment sur les « tourments de la tombe ». De toutes ces peurs – les peurs d'ici et de maintenant et les peurs de l'« après » –, beaucoup cherchent à se protéger, à se délivrer par une culture excessive de la norme. Obéir à des séries de prescriptions contraignantes permettrait de se prémunir contre de possibles malheurs ou tourments.

Cette évolution (involution ?) pose, bien sûr, de terribles questions à nos sociétés démocratiques sécularisées, où les lois votées par des parlements élus s'imposent à tous et ont la prééminence sur les lois religieuses. On ne compte plus, désormais, les conflits qui surgissent au quotidien dans les écoles, les hôpitaux, les services administratifs en raison de revendications alimentaires ou vestimentaires, liées à l'exercice de la prière ou du jeûne, et parfois du fait des prétentions de certains à imposer à d'autres leurs choix religieux. Un des problèmes, en France, est que la République intègre aussi par la table ! Quand les gens ne peuvent manger ensemble à cause des interdits alimentaires, les liens sociaux s'en ressentent. La norme surmultipliée n'aide pas au « bien vivre ensemble ». La République fait des efforts : elle propose des menus de substitution, du poisson, des aliments communs à tous, mais il y a forcément une limite, à propos de laquelle s'installe la surenchère.

Cette question représente un défi pour les croyants. Ceux-ci ne sauraient oublier qu'ils ont aussi une responsabilité par rapport à autrui, une responsabilité par rapport au vivre en paix avec les autres, et que la transcendance de Dieu doit pouvoir se dire autrement que par la norme. La norme ressemble aujourd'hui, hélas, à une sorte de « kit de survie » dans la pénible postmodernité. Il faut faire ceci à table, faire cela dans les toilettes ou après la toilette, dire bonjour à tel ou telle et pas à d'autres, baisser le regard devant une femme pour éviter toute tentation, etc. Cela devient invivable.

DH

C'est peut-être lié à l'obsession identitaire que connaît notre société, ce qu'on appelle aussi le repli communautaire, qui touche les uns et les autres. Soudain, les groupes d'appartenance non seulement renforcent une codification très rigide pour consolider leur entité, mais surtout l'appartenance par le rite est renforcée par un discours qui établit des murs très hermétiques entre le « nous » et le « eux ». Ce « nous » a en permanence besoin d'être consolidé par des codifications, ou plutôt par un discours qui construit les barrières du groupe.

JLS

Quand vous dites « nous », vous pensez à quoi ? À la communauté juive ou musulmane tout entière, ou globale, et en particulier à la *umma* musulmane, ou à des communautés particulières, surtout fondamentalistes ?

RB

En réalité, *la* communauté musulmane, la célèbre « umma », n'existe pas, ou n'existe plus, sinon dans les rêves. Il n'y a que des communautés multiples, et les musulmans de France sont en même temps français, citoyens, membres de groupes divers, avec des options politiques multiples, et toutes sortes d'autres liens avec d'autres gens. Nous sommes traversés par des altérités qui nous construisent, avec une intériorité à toujours travailler. Or, moins il y a d'intériorité, plus il y a d'extériorité ! Moins il y a de vie intérieure, plus il y a de démonstrations de prosélytisme ! Moins il y a d'ouverture aux autres, à l'universel, plus il y a d'enfermements communautaristes ! Certains – trop nombreux, de plus en plus nombreux – ont besoin de se barricader pour se convaincre qu'ils font partie du « groupe des sauvés ». On revient pour cela chez beaucoup – beaucoup trop ! – à l'idée qu'il y a d'abord « nous », les musulmans, et puis les « autres », qui ne le sont pas. On l'observe jusque dans les familles ! Dans certaines d'entre elles, les conversions, souvent brusques, de jeunes à un islam fondamentaliste, piétiste ou agressif s'avèrent une épreuve terrible pour les parents. Il arrive qu'ils soient traités de « mécréants » par leur progéniture, et bien entendu ils se sentent coupables, se demandant s'ils se sont montrés jusque-là assez « bons musulmans » ! Il règne une violence incroyable sur cette question de la norme. S'impose de plus en plus une nouvelle tradition qui n'a jamais existé dans l'histoire des musulmans. Mais cette « néo-tradition » prétend abusivement être celle de l'origine. Sous l'influence des divers producteurs de cette idéologie religieuse, vous pouvez trouver des jeunes de nos quartiers populaires, depuis longtemps « largués » au niveau de l'école, qui se comportent en petits « savants sur pattes », souvent aussi en petits tyrans, récitant un savoir religieux souvent mal ingurgité, mais qu'ils présentent comme beaucoup plus important que le savoir profane de l'Éducation nationale. Le fondamentalisme est peut-être l'expression religieuse qui s'exporte le mieux, parce qu'elle n'a besoin ni de culture ni de liberté intérieure.

DH

Les divisions que la « religion » installe au cœur même des familles peuvent devenir terrifiantes. Pour ma part, je vois parfois des parents dont les enfants ne veulent plus manger chez eux parce que leur cuisine ne serait pas assez casher, ou parce que le lien entre les générations est distendu par le décalage entre la pratique des uns et celle des autres.

C'est très troublant d'observer, dans la génération des jeunes adultes, un retour au rite vécu comme le cœur de leur identité juive, avec l'idée que leurs parents auraient trahi un héritage ancestral et qu'il faudrait revenir à ce qui était fait avant, par les générations plus anciennes. Ces jeunes générations feraient ainsi retour à une « authentique vie juive ». Quand je discute avec ces jeunes, je leur dis que finalement ils sont autant dans la rébellion vis-à-vis de leurs parents que ces derniers l'ont été vis-à-vis des leurs. Chaque génération fait presque le même geste, celui d'une rupture au nom de l'authenticité supposée. Ainsi celle d'aujourd'hui se raconte parfois qu'elle répond mieux aux critères du « bon juif » fidèle à la tradition.

Mais qui peut dire ce qu'est un « bon juif » ? Dire ce qu'est un juif n'est déjà pas facile, mais alors un « bon » juif… ! C'est troublant de voir que ce phénomène est présent dans toutes les traditions religieuses. Les derniers arrivés se rebellent toujours en se prétendant plus fidèles aux origines.

Il y a mille façons d'être juif et de se sentir lié au judaïsme, à la pratique, à la culture, au lien à un peuple ou à une histoire, et parfois même à la rébellion… On n'est pas un meilleur juif parce qu'on mange casher ou qu'on porte des manches longues, je l'ai dit. Mais je ressens fortement, avec les récents phénomènes de « communautarisation », que certains se sont laissé convaincre que la légitimité de leur identité vient d'abord et avant tout d'une chose : d'une pratique hyper-ritualisée.

RB

La plupart des jeunes se convertissent d'un seul coup, comme s'ils avaient eu une sorte d'illumination. Parce que l'islam traditionnel est un islam oral, le seul fait que certains jeunes sachent lire et écrire malgré des échecs scolaires leur permet de prendre de l'ascendant sur leurs parents. C'est pourtant l'inverse qui est vrai : les parents sont porteurs d'une tradition qui est celle d'une culture orale religieuse souvent réelle, alors que leurs enfants, dont peu maîtrisent la langue arabe, « bricolent » une tradition. Ces jeunes « apprennent » l'islam sur Internet, avec des applications diverses, et du jour au lendemain on les voit se déguiser en « compagnons du Prophète », et tout faire comme celui-ci aurait prétendument fait. Muhammad aurait dormi du côté droit, aussi font-ils de même ! Tout devient *sunna*, la *sunna nabawiyya*, c'est-à-dire la « voie prophétique » ou la « tradition prophétique ». On trouve d'ailleurs le modèle inversé chez ces « identitaires nationalistes » français qui se donnent rendez-vous pour manger ensemble publiquement du cochon et boire du vin, en disant qu'ils sont « chez eux », et qu'être de « vrais Français » se vérifie sur la base de ces habitudes de consommation…

Le tour de passe-passe génial des courants salafistes consiste à accaparer l'origine. Ils prétendent : « Nous sommes détenteurs de l'origine », et cela leur donne un grand pouvoir symbolique. Je tente notamment de faire comprendre aux jeunes séduits par ces courants, quand je les rencontre, que l'« origine » dont ils se réclament remonte, en réalité, aux convertis du IXe siècle, et donc que les salafistes sont les petits-enfants de ces néo-convertis bien plus que les petits-enfants de Muhammad !

Le rôle des mères dans la transmission de la norme

JLS

Quel est le rôle des mères dans cette affaire ? Quel est leur fonction dans la transmission des coutumes ou de traditions comme la casherout ou le halal ? Et au-delà, quel est le rôle des parents aujourd'hui dans cette transmission du « légal » si l'on peut dire, de la *halakha*, de la *sunna*, etc. ? On dit que les mères sont très présentes et les pères (musulmans en tout cas) très absents.

DH

Pour ce qui est des mères juives, on pourrait en parler longtemps ! La caricature de la mère juive, c'est qu'elle ne laisse pas son enfant devenir autonome. Dans mon dernier livre[1], je l'avais considérée comme le modèle « anti-Tefal » de la maternité, c'est-à-dire qu'elle adhère et colle en toutes circonstances à sa progéniture. Par exemple, elle lui dit : « J'ai froid, va mettre un pull. » Elle ne fait aucune différence entre ce qu'elle ressent et ce que ressent le corps de son enfant. La difficulté serait donc celle de la coupure. Mais la réponse coule de source : il n'est pas besoin d'être une mère, ni une juive, pour être une « mère juive » : je connais des hommes non juifs qui sont des vraies « mères juives », et qui croient aussi qu'ils connaissent mieux les besoins de leurs enfants qu'eux-mêmes ne les connaissent.

Pourtant, la tradition juive ne cesse de souligner qu'il faut se couper de ses parents. D'une part, il y a ce que nos parents doivent nous transmettre, et d'autre part la nécessité, pour chaque génération, de prendre des distances par rapport à ce qui a été transmis. Tous les modèles importants dans notre tradition sont des modèles de rupture : Abraham quitte son père et se met en route, Jacob part en exil, Isaac est décrit comme un peu trop accroché à son père, jusqu'au célèbre épisode de sa ligature, au chapitre 22 de la Genèse, épisode appelé à tort « sacrifice d'Isaac » où justement il se délie de cette emprise parentale. Même chose pour Judas ou Joseph, qui doivent tous deux s'éloigner de la maison de leur père pour devenir des leaders… Tous les personnages bibliques doivent à un moment donné se détacher de leur famille d'origine pour accomplir leur destin. Le paradoxe est là : les parents doivent transmettre, mais doivent aussi permettre que quelque chose chez l'enfant ne consiste pas seulement en un prolongement de ses origines. Cette rupture est

1. *Comment les rabbins font les enfants. Sexe, transmission et identité dans le judaïsme*, Paris, Grasset, 2015.

difficile mais nécessaire. Elle fonde un héritage précisément parce qu'elle oblige celui qui reçoit à questionner ce qu'il a reçu.

Aujourd'hui, nos sociétés se retrouvent souvent coincées entre deux discours opposés et contradictoires. D'un côté s'exprime un discours d'hyper-individualisme chez certains parents, qui affirment ne rien vouloir choisir pour leurs enfants et les laisser faire ce qu'ils voudront, et de l'autre le discours fondamentaliste dit : « Tu n'as aucun choix (mon fils ou ma fille), tu dois répéter à l'identique ce que je t'ai dicté. » Mais la vérité d'une identité n'est ni dans l'invention de soi *ex nihilo* ni dans la reproduction à l'identique d'un modèle. Elle est toujours une forme de réinvention, une infidélité partielle à ce qui a été donné.

RB

Muhammad, prophète de l'islam, est entré en rupture avec la (ou les) tradition(s) de sa tribu. Il a non seulement rompu avec cette dernière, mais il en a été banni, ce qui était la pire des malédictions et équivalait à une condamnation à mort (en effet, sans incorporation dans une tribu, nul ne pouvait survivre dans le milieu géographique hostile de l'Arabie centrale). Il me paraît important de réfléchir de quelle façon il a été un modèle de rupture avec les traditions.

Pour la transmission des connaissances et des pratiques de l'islam, les femmes ont toujours eu – et conservent – un rôle essentiel, dès lors que ce sont elles qui, dans les toutes premières années de la vie de l'enfant, lui transmettent leur sensibilité religieuse, un certain nombre de croyances primaires (parfois magiques) et de rites domestiques. Ce sont elles qui lui inculquent – de manière plus implicite qu'explicite, d'ailleurs – les bonnes attitudes, les bons comportements considérés comme « islamiques », notamment quant aux relations à l'autre sexe ou à la distinction entre le « pur » et l'« impur ».

Aujourd'hui, à l'instigation d'imams, de prédicateurs, d'idéologues, des femmes se forment dans les mosquées pour transmettre non seulement un « islam implicite », mais aussi un « islam explicite » à leurs enfants, non seulement un islam de la sensibilité et des coutumes, mais également un islam de connaissances construites, de « pure orthodoxie ». Ces femmes se découvrent ainsi un nouveau rôle, une nouvelle manière d'être femme musulmane dans la famille et dans la société. Les plus nombreux parmi les musulmans à suivre des cours dans les mosquées de France sont des mères. Elles « investissent » pour transmettre. Mais je crains qu'on leur enseigne ou qu'elles retiennent surtout l'islam le plus normatif, le plus juridique, sous prétexte qu'elles ont à assurer la transmission. Certaines d'entre elles font ensuite fonction d'enseignantes, mais en restant entre femmes, au sein de cercles d'étude féminins. Elles s'instaurent finalement « gardiennes de la tradition », gardiennes de l'orthodoxie qu'on leur a enseignée, en particulier des prescriptions qui concernent les femmes.

JLS

Pour préciser un peu : ce sont des femmes qui sont allées à l'université ?

RB

Plusieurs parmi ces femmes, en effet – celles qui appartiennent à la tranche d'âge des trente-cinquante ans –, sont passées par l'université. Elles disposent ainsi d'un « savoir de base » qui leur permet de créer et de faire vivre des cercles d'étude réservés aux femmes. Moyennant quoi, on voit de plus en plus de femmes se former. Pour elles, cet investissement religieux peut répondre à des intérêts multiples – y compris bien sûr non religieux. Un investissement qui revêt de nos jours d'autant plus d'importance que, selon le témoignage de plusieurs imams, le taux d'assiduité des femmes dans les groupes d'étude reste à 95 % trois ou quatre ans après leur inscription… alors que celui des hommes ne dépasse pas les 30 % ! Voilà qui rajoute à l'obsession sur la place des femmes dans l'islam !

DH

Il est troublant de voir combien dans nos traditions certaines femmes s'érigent en gardiennes du « temple » ou de la tradition la plus rigoriste. Je dois bien constater par exemple que les critiques les plus féroces et virulentes contre le rabbinat féminin viennent de femmes… Dans le monde très traditionnel, le fait qu'une femme puisse incarner cette fonction est une remise en question violente d'un état de fait inquestionnable pour certaines d'entre elles : la répartition claire et tranchée des rôles. Qu'une femme puisse avoir accès à l'érudition ou à un rôle politique, à un savoir ou à un pouvoir, est difficile à accepter et finalement suscite d'importantes résistances.

Des orthodoxes américains ont déclaré qu'ils étaient prêts à voir des femmes occuper des fonctions rabbiniques dans leurs synagogues à condition qu'on les appelle « enseignantes » et non « rabbins ». C'est une façon de dire qu'elles peuvent avoir des responsabilités dans leur fonction traditionnelle, mais surtout pas incarner le leadership religieux.

Une façon totalement arbitraire de traiter le texte coranique

JLS

Vous avez parlé des jeunes qui restent religieux, croyants, observants, fidèles, « trop fidèles » même. Mais j'imagine qu'une partie des jeunes juifs et des jeunes musulmans aujourd'hui lycéens ou lycéennes se sécularisent, qu'à l'adolescence un certain nombre claquent la porte, qu'ils disent à leurs parents qu'ils vont aller voir ailleurs (et d'aller se faire voir !).

RB

On trouve, évidemment, tous les cas de figure dans notre société française qui, heureusement, reste ouverte au pluralisme et garantit une liberté d'opinion et de comportement à la plupart de ses membres. Mais quand une femme se marie et se prépare à devenir mère, la situation n'évolue pas toujours d'une manière satisfaisante. Elle se demande alors ce qu'elle va transmettre à son enfant, et ce qui n'a pas été résolu, qui a été enfoui mais pas guéri, peut revenir de manière peu pacifiée ou peu libre. Pour se détacher des liens de servitude, il faut non seulement les délier, mais les retisser autrement ! Il faut pouvoir panser ses blessures… Si ce travail n'a pas pu être fait – et il est difficile de le faire dans le contexte actuel, très troublé, de l'islam –, la tradition peut revenir avec violence, comme j'ai essayé de l'exprimer dans mon récit, *Nour, pourquoi n'ai-je rien vu venir*[1] ?

JLS

Vu cette tendance, est-ce qu'il y a des jeunes qui quittent la tradition libérale pour aller ailleurs ? Et d'autres qui y viennent ?

DH

Les deux phénomènes existent. Il arrive que des gens quittent des mouvances ou des sensibilités plus libérales pour aller vers plus d'orthodoxie : ils sont parfois en quête de quelque chose de plus rigide ou de plus codifié, ce que je peux parfaitement comprendre. Quand des gens viennent me voir pour me demander s'ils ont le droit ou non de faire telle ou telle chose, je comprends bien qu'ils ne soient pas toujours satisfaits par ma réponse : en tant que rabbin de sensibilité libérale, je n'utilise pas le langage de l'interdit ou de la faute… Ce n'est pas comme cela que j'accompagne les gens, et forcément, ceux qui sont en quête d'une structure plus rigide ne seront pas satisfaits par mes réponses.

Il y a aussi un phénomène typique des enfants de la génération de Mai 68. Certains me disent que leurs parents n'ont pas voulu leur imposer une pratique ou la moindre contrainte. Paradoxalement, certains le regrettent, car faire un choix implique de renoncer éventuellement à quelque chose qui ne leur a pas été transmis. Il est parfois difficile de naviguer dans l'existence quand vous n'êtes pas lié à quoi que ce soit. C'est, comme l'écrit Kundera,

1. *Op. cit.*

l'« insoutenable légèreté de l'être ». Il est plus facile de voyager avec des bagages, quitte à les balancer par-dessus bord. Voyager dans l'illusion d'une absolue liberté vous fait manquer de « lest ». Et, sans surprise, cela mène certaines personnes à charger la barque, à accentuer la lourdeur rituelle. À placer de l'hyper-contrainte dans leur vie, pour équilibrer les bagages vides qu'on leur a transmis.

JLS

Un phénomène semblable s'observe-t-il au sein des familles musulmanes ?

RB

La mondialisation interroge toutes les traditions religieuses. Tant qu'il n'y avait pas les mélanges auxquels nous sommes désormais tous confrontés, les choses allaient de soi : on répétait ce que disaient et faisaient nos pères et nos mères. Avec la mondialisation, qui a notamment pour effet sinon de faire connaître, du moins de faire voir les religions des autres… ou leur « irréligion » (en tout cas en Europe), tout implose plus ou moins. L'instance de l'autorité devient incertaine : où est-elle aujourd'hui ? En islam, elle était tout simplement représentée par l'imam du village ou du quartier, et le mufti le plus proche. Mais ici, dans nos banlieues parisiennes, on peut désormais s'attacher, grâce au Web, à un imam ou à un mufti d'Arabie saoudite. Avec ces nouvelles possibilités de s'informer et de « s'auto-endoctriner », beaucoup de gens se fabriquent leur propre identité religieuse, leur propre doctrine, leur propre sens religieux, leur propre spiritualité… On aura beau essayer de donner une éducation traditionnelle à nos enfants, cette transmission sera inévitablement soumise au défi d'Internet et de la culture environnante. Croire est devenu plus que jamais un acte libre… même si certains se précipitent dans les formes d'aliénation religieuse que nous avons évoquées.

Chapitre 3

S'arracher à la terre des origines

JLS

Est-ce que vous pourriez rappeler tous deux ce que représente la terre dans votre tradition ? Est-ce que vous-mêmes vous vous sentez en accointance avec ce que porte cette idée de terre au vu des conflits aujourd'hui ?

Une histoire d'errance et d'exil

DH

Il y a un malentendu étymologique à propos de l'expression « Terre sainte » : en hébreu, ce terme n'existe pas. Ce qu'on traduit ainsi à tort, c'est l'expression *eretz hakodesh*, littéralement la « terre du sacré » et non la « terre sacrée ». Il ne s'agit donc pas d'une terre sainte par essence, mais d'une terre où peut se vivre ou se produire quelque chose qui relève du sacré. Cette définition est d'abord existentielle. On peut la mettre en parallèle avec l'expression biblique *admat kodesh*, « lieu du sacré », qui s'applique dans la Bible à des lieux qui ne se trouvent pas en Israël. Ainsi, lorsque, dans la Genèse, Dieu se révèle à

Moïse pour la toute première fois, de l'intérieur d'un buisson ardent (Exode 3), il dit au héros Moïse : « Enlève tes chaussures car cette terre est un lieu du sacré. » Cet événement ne se passe pas en Israël, mais dans un *no man's land*, sur une montagne qui n'appartient pas en propre à un pays ou à un peuple. La terre de la sainteté peut donc être définie comme le lieu où s'exerce le sacré, non par essence mais parce que quelque chose de sacré s'y produit. Cette expérience, ou cet événement, place ce lieu à part de tous les autres.

L'autre malentendu vient de l'expression « terre-patrie ». Elle m'intéresse en ce sens que la terre aurait quelque chose à voir avec le père et donc l'origine, comme s'il existait entre le peuple et la terre un amour inconditionnel, d'ordre filial, identique à celui que des parents éprouvent à l'égard de leurs enfants. La patrie nous aimerait parce qu'elle est comme le lieu de notre origine. Or, dans la pensée hébraïque, c'est l'inverse qui est signifié : la terre qui nous a donné naissance, la matrice du peuple, n'est pas Israël mais l'Égypte, qui représente la terre qu'on a quittée. De même, Ur en Chaldée est la terre d'origine qu'Abraham quitte quand il entend un appel de Dieu. Par conséquent, la terre d'origine, qu'on pourrait qualifier de « patricielle » ou « matricielle », est celle que l'on quitte à tout jamais et vers laquelle le retour est impossible.

Israël est pour les juifs une terre « promise » au sens de « la promise », la fiancée ou l'amoureuse. Elle représente celle vers laquelle on va pour construire une conjugalité adulte. Au contraire de la patrie, la « terre promise » n'est pas une terre de la naissance et de l'enfance, mais une terre qu'on atteint à l'âge adulte ou mature, pour avoir avec elle une relation amoureuse, pour l'épouser. C'est une distinction importante et originale par rapport à d'autres traditions.

Il y a bien des mythes et des histoires où le cas contraire se produit. Dans la mythologie grecque, par exemple, Ulysse doit revenir à tout prix à la maison, il doit retrouver son Ithaque. Dans la pensée hébraïque, les personnages ne reviennent jamais à la terre des origines, contrairement à ce héros grec. Ils vont à la rencontre d'une terre inconnue, promise pour que quelque chose s'y passe, pour que du sacré y naisse. En principe, on a une relation de responsabilité, de maturité à cette terre. On arrive à elle chargé d'une expérience de l'exil, de l'arrachement, c'est-à-dire de longues années de solitude qui nous ont transformés.

JLS

De l'*exil*, dites-vous ?

DH

Oui, c'est une idée importante parce qu'elle a des incidences politiques. Que signifie le fait de s'installer sur une terre après un arrachement, un exil, la conscience de se trouver dans une situation de précarité, de vulnérabilité ? La Bible ne cesse pas de le répéter : quand on s'installe sur la terre, il faut se souvenir qu'on a été étranger ou esclave, qu'on a été en situation vulnérable et précaire. En réalité, la rencontre avec la terre nous oblige moralement, car le souvenir de l'exil et de l'arrachement aux origines subsiste et y est activé.

Les résonances politiques en sont pour moi évidentes, car c'est en cela que consiste le défi même de l'installation pour l'Israël aujourd'hui. Le peuple juif, en s'installant sur cette terre « promise », qui est la terre de sa promesse, doit y vivre en n'y étant jamais dans une relation à une terre-patrie, en s'imaginant un amour inconditionnel de cette terre pour nous. Il doit être conscient que cette terre peut nous rejeter, qu'elle peut nous « vomir », comme dit la Bible, si nous ne sommes pas à la hauteur morale et éthique du temps où nous y sommes entrés, lestés de l'expérience de la vulnérabilité et de l'exil. Y faire un retour implique de reconnaître que l'exil nous a fait faire un détour qui nous a changés.

C'est là que réside selon moi le défi passionnant du « laboratoire » qu'est Israël aujourd'hui pour les juifs : comment penser l'installation quand on est si lourd d'une longue histoire de décrochage, d'exil et d'errance ? Cela a des implications philosophiques et éthiques très fortes.

RB

La notion de sainteté est porteuse de plusieurs sens, comme la notion de sacralité qui lui est souvent associée, mais qui en est cependant distincte. La sainteté renvoie à la fois à la perfection unique et à la séparation. Dans les religions dites « monothéistes », Dieu seul est saint. Il est *le* Saint, autrement dit le Parfaitement Pur et le Séparé de l'imperfection. Néanmoins, il offre de sa sainteté, et les hommes qui se rendent proches de lui peuvent bénéficier de celle-ci (dans le soufisme, la mystique musulmane, on parle beaucoup de l'amitié avec Dieu, qui correspond à une forme de sainteté). Pour ce qui est de la sacralité, elle renvoie à quelque chose qui devrait être intouchable, qui est « mis à part » et qu'on ne saurait profaner.

JLS

Le « saint » n'a donc pas grand rapport avec le « sacré » ?

RB

L'équivalent du mot « sacré » n'existe pas vraiment dans l'arabe coranique et dans l'arabe classique. La notion qu'on trouve dans le champ religieux est davantage celle du *haram*, autrement dit ce qui est tabou, c'est-à-dire frappé d'interdit. En arabe, le sacré, c'est le lieu « bien protégé », interdit à ce qui est nuisible. C'est important quant à la conception de l'espace dans le monde musulman. Dans la société où est né l'islam au VIIe siècle, celle de La Mecque, il y a la conviction que tout un monde invisible se manifeste dans des lieux privilégiés : montagnes, grottes, sources, arbres isolés, pierres… Là se concentrent des énergies surnaturelles, là s'exerce le pouvoir des divinités ou des *djinns*. Ces lieux concentrent de l'énergie qui rayonne à des distances plus ou moins larges. Le périmètre de rayonnement de chacun d'entre eux est considéré comme *haram*, protégé par une divinité qui empêche les incursions hostiles, et surtout comme producteur de *baraka*, souvent traduit par « bénédiction » mais qui renvoie à la prospérité due à la faveur divine qui fait pleuvoir.

Il n'y a pas de sacré ou de sainteté détachés des réalités de la survie sur le terrain ; ce qui est béni est toujours lié à une utilité pour les hommes. Le lieu où Moïse est missionné pour aller affronter Pharaon est dit aussi *mubârak* (28, 30), c'est-à-dire « touché par/porteur de la *baraka* », du fait de la présence divine qui dispense à Moïse le pouvoir qui lui permettra d'affronter Pharaon. Plus on est proche de ce lieu (*a fortiori* quand on est dedans !), plus on se sent protégé ; plus on s'en éloigne, plus on se sent en danger.

La source de Zemzem et le sanctuaire de la Ka'aba à La Mecque, qui étaient déjà avant Muhammad une « demeure » protégée et sûre de par sa divinité tutélaire, sont devenus les espaces par excellence de l'effusion de la *baraka* d'Allah, et le centre géographique et spirituel du monde islamique puisque la Ka'aba sert de référence à tous les musulmans quand ils prient. Elle est devenue le cœur du pèlerinage. L'accès à cet espace *haram* de La Mecque n'est permis qu'aux musulmans, mais encore faut-il que ceux-ci se soumettent au respect de différents interdits et rites, qui, pour la plupart, préexistaient à l'apparition de l'islam.

DH

La notion proprement dite de « sacré » en hébreu se trouve dans la racine du mot *kadosh*, qui veut littéralement dire « séparé ». Le sacré, c'est du « mis à part » dans le temps ou dans l'espace ; c'est cette part d'inaccessible, cette étendue de territoire sur laquelle ne peut s'exercer aucun droit de propriété absolu. Dieu dit : « Cette terre est à moi[1]. » Traduction : vous pourrez l'habiter et avoir avec elle une relation privilégiée, dans la conscience permanente que sa pleine propriété vous échappe, que vous êtes comme des locataires dont le bail reste précaire. Le contraste entre tant de gens qui disent qu'ils sont chez eux sur une terre, qu'« elle est à nous », et tant de textes de nos traditions qui

1. Levitique 25,23.

disent justement l'inverse – que ce n'est pas « chez eux », mais que cette conscience de non-propriété absolue fonde leur droit à se trouver là – m'étonnera toujours. Il faudrait réfléchir davantage sur cette notion complexe d'un sacré qu'on n'habite qu'à condition de ne pas s'en dire propriétaire. Presque tous les fondamentalistes religieux s'appuient sur leur « propriété » supposée, c'est-à-dire sur l'idée qu'ils sont propriétaires de la vérité, propriétaires de la terre, propriétaires de la conscience, etc. Ils disent, tout comme les ultra-nationalistes : « Nous sommes chez nous. » Les textes disent au contraire : celui qui vit là se doit de développer une conscience aiguë de la précarité du bail. À l'instant où il se dit chez lui, la terre tremble…

RB

Dans la sainteté comme dans la sacralité, il y a, de fait, cette dimension de la « séparation », la dimension de l'« être à part » ou celle de la « mise à part ». La racine arabe *qds*, ainsi, est porteuse d'une idée d'éloignement. Mais dans le Coran, le moins que l'on puisse dire est qu'il n'y a pas inflation de ces notions ! Ainsi, la sainteté n'est évoquée qu'à une dizaine de reprises et toujours dans des formulations qui ont manifestement une connotation biblique.

Dans la tradition musulmane, c'est seulement à partir du Xᵉ siècle de l'ère commune que la cité de Jérusalem va être qualifiée de *al-Quds*, « la Sainte ». Mais Jérusalem n'est pas citée dans le Coran. Ce qui y est évoqué, c'est (17, 1) le *al-Masdjid al-aqsâ*, le « lieu de prosternation éloigné (ou sanctifié) » assimilé par l'exégèse musulmane traditionnelle à Jérusalem, mais qui peut être aussi le buisson ardent où Dieu s'est révélé à Moïse.

Nostalgie de Jérusalem et terres d'islam

JLS

Un psaume très célèbre exprime une nostalgie du lieu : « Sur le bord des fleuves de Babylone, nous étions assis et nous pleurions, en nous souvenant de Sion. » Car une terre n'est pas qu'une théorie. La terre prolonge notre corps, elle a un aspect charnel. Je me trompe peut-être, mais cela donne une double perception de la diaspora juive. D'un côté, la vie en diaspora fait partie de la tradition juive, et beaucoup de juifs s'y trouvent aujourd'hui fort bien. D'un autre, c'est une condition malheureuse, et certains juifs prennent au mot la nostalgie qu'exprime la célèbre formule : « L'an prochain à Jérusalem ! »

DH

Il est vrai que cette nostalgie au cœur de l'exil existe au fond de l'identité juive. On répète, avec « l'an prochain (nous serons) à Jérusalem », que, près des fleuves de Babylone, nous étions comme des « rêveurs ». Ce rêve du retour existe, extrêmement puissant, et il s'est construit pendant des centaines d'années sur l'impossibilité du retour. L'identité juive a intégré cette promesse. Comme nous n'étions installés nulle part, nous avions ce rêve extrêmement puissant et ce lien, en effet « charnel », avec Jérusalem : pas une prière qui ne se tourne dans cette direction ! En même temps règne la conscience que nous nous sommes développés dans l'exil, dans l'arrachement. Aujourd'hui, l'identité juive est de part en part traversée et nourrie par cet exil.

Le grand défi du sionisme de nos jours est de savoir ce que l'on fait de cet arrachement et de sa place dans l'identité juive. L'exil a créé une faille identitaire, quelque chose qui génère ce que Jacques Derrida appelait une permanente « non-adéquation entre soi et soi ». Voilà pourquoi personne ne sait vraiment dire ce que signifie être juif : toute définition créerait de la finitude de sens et mettrait fin à l'inadéquation des termes, qui est au cœur même de l'identité juive. L'identité juive est toujours en mouvement vers un ailleurs, y compris dans les définitions de soi, y compris quand on est de retour sur une terre dont on a rêvé. On n'a jamais fini de dire qui on est : subsiste le refus de s'installer même dans une définition. Pour le célèbre chercheur Daniel Boyarin, c'est le *texte* qui est devenu la patrie portative des juifs[1]. Quelle place faire à cette histoire quand on se dit qu'on est arrivé à destination ?

En tant que juive de diaspora, cette conscience de l'exil fait bien entendu partie de mon identité, mais il doit en être de même pour un Israélien installé aujourd'hui sur la terre de la promesse. C'est pour moi le grand défi de notre génération : conserver une trace de l'exil où que l'on soit installé ; même si on est très attaché à la France, à l'Europe, à l'Israël, toujours conserver cette idée d'une non-sédentarisation spirituelle.

RB

Dans le Coran, on ne trouve ni l'idée d'une terre sacrée ni celle d'une terre sainte. Dans le texte, toute la terre – et

1. Cf. *Une patrie portative. Le Talmud de Babylone comme diaspora*, Paris, Éditions du Cerf, 2016.

donc toute terre – appartient à Dieu. Il n'y a pas de terre que l'homme puisse s'approprier. Au début de sa mission, quand il se trouve encore à La Mecque, le prophète Muhammad prie avec les siens dans la direction du « lieu de la prosternation éloignée (ou sanctifiée) », que la tradition musulmane a identifié à Jérusalem, comme je viens de le rappeler. Mais une fois installé à Médine, le Prophète indiquera aux siens une autre *qibla*, une autre « direction de la prière » : la Ka'aba de La Mecque, confirmée comme lieu construit jadis par Abraham et son fils Ismaël.

Il y a une autre notion importante en islam, qui est au cœur de la geste du Prophète : c'est celle de l'hégire, l'« émigration », qui contient aussi la dimension de l'éloignement. Tout le monde connaît l'importance de ce moment, devenu le point de départ du calendrier musulman : en 622, selon la tradition, Muhammad est chassé de son clan, de sa tribu et de La Mecque – autrement dit banni – et il doit chercher, avec une poignée de compagnons, une communauté d'accueil dans un espace nouveau, qui sera finalement Yathrib, à quatre cent cinquante kilomètres au nord de La Mecque.

Il arrive qu'on compare l'hégire muhammadienne et l'exode mosaïque. Les deux événements ont une même importance pour ceux qui s'y réfèrent, mais l'exode du peuple hébreu est la sortie d'une terre qu'on fuit sans regret pour une terre nouvelle de liberté. En revanche, l'hégire muhammadienne va s'accompagner d'une sorte de nostalgie de la cité et de la tribu dont le Prophète et les siens sont séparés, au point que Muhammad ne cessera de vouloir revenir à La Mecque. Toutefois, lorsque sa cité se sera de nouveau ouverte à lui, le Prophète ne s'y réinstallera pas et il mourra à Yathrib-Médine. L'hégire est devenue le symbole de la condition du croyant musulman. Il est un errant éloigné de son lieu-source, mais le lieu dont il a la nostalgie n'est pas la terre de sa naissance : c'est le paradis perdu des origines qu'il espère retrouver au terme de sa route, ce « paradis d'Allah » promis aux croyants méritants et tellement magnifié par le Coran lui-même. L'hégire est également devenue une expérience que le musulman ne craindra pas de vivre pour exporter la foi, mais aussi la simple émigration en quête de travail telle que l'ont connue mes parents quand ils ont quitté le Maroc pour la France dans les années 1960-1970.

JLS

Me trompé-je ? Mais il me semble qu'au cours de la tradition s'est installée – je reprends le verbe de Delphine – l'idée, et le fait, qu'il existe des « terres d'islam ». Selon certains, on ne peut donc être un bon musulman qu'en terre d'islam, car la terre étrangère est étrangère et ne peut pas favoriser le culte du vrai Dieu.

RB

Oui, progressivement, la dimension haram du sanctuaire de La Mecque s'est étendue à cette cité tout entière, puis à la ville de Médine et à d'autres lieux qui ont conservé la trace de la mission du Prophète. C'est ainsi qu'on en est venu à parler des « Lieux saints » de l'islam, sans doute dans une forme de mimétisme par rapport aux juifs et aux chrétiens qui désignaient ainsi Jérusalem et toute une partie des espaces où s'est écrite l'histoire de l'Alliance que raconte la Bible. Ainsi Jérusalem est-elle aussi devenue pour l'islam un « Lieu saint » (en tout cas l'esplanade des mosquées, située sur l'emplacement de l'ancien Temple), le troisième dans l'ordre hiérarchique après La Mecque et Médine. Selon la tradition musulmane, l'esplanade de l'ancien Temple de Jérusalem a miraculeusement reçu la visite du prophète Muhammad à l'occasion d'une étonnante ascension nocturne. Mais cette appropriation de la sainteté de Jérusalem par l'islam est inséparable de la conquête militaire de cette ville, dès 637, par les conquérants arabes du calife Omar, une conquête fastueusement inscrite dans la pierre pour de nombreux siècles avec la construction, en 692, du fameux « Dôme du Rocher ».

Au-delà de ces territoires devenus des « Lieux saints », la *baraka* divine est censée être également sensible dans tous les espaces islamisés, mais aussi là où Allah est prié, autrement dit les mosquées. Ces territoires ont en effet pour vocation d'être des territoires de paix (on ne devrait pas se faire la guerre entre musulmans) et des territoires de « bon ordre » et de pureté, parce que normalement soumis à la *shari'a*, la « voie » indiquée par Dieu. C'est ainsi que la pensée musulmane a élaboré une distinction entre les différents territoires du monde : d'une part, on a le *Dâr-al-islâm*, la « Demeure de la paix » ; d'autre part, le *Dâr-al-harb*, la « Demeure de la guerre », et entre les deux, le *Dâr-al-dhimma*, la « Demeure des minoritaires religieux tolérés ». Autrement dit : d'une part, des régions où l'on est protégé, sûr de pouvoir vivre en paix ; d'autre part, des régions où il y a des dangers, des risques de guerre ; et puis des espaces de trêve plus ou moins provisoire… Daech a popularisé une autre catégorie : *Dâr-al-Kufr*, la « Demeure de la mécréance », où l'on ne peut qu'être contaminé par la mécréance car les lois de Dieu n'y sont pas respectées. En revanche, parmi les musulmans d'Europe conscients d'être amenés à vivre longtemps en milieu majoritairement non musulman, s'est développée depuis quelques années la notion de *Dâr-al-shahada*, la « Demeure du témoignage », autrement dit la « demeure » où ils ont vocation à attester de leur foi auprès des autres.

Toutes ces catégories tendent à instaurer une sorte de division théologique du monde. Dans les années 1970-1980, un grand débat a animé les familles musulmanes de France issues des immigrations de travail : devaient-elles, pour la plupart d'entre elles, se résoudre à finalement ne jamais rentrer dans leur pays d'origine, et – surtout – leurs enfants pouvaient-ils consentir à être de nationalité française ? Était-il acceptable, aux yeux de Dieu et de la religion, qu'elles renoncent, pour elles-mêmes et leurs descendants, à vivre en « terre musulmane » ? On sait que les courants salafistes enseignent que les musulmans ne peuvent vraiment vivre de manière halal, « licite », que dans des sociétés majoritairement musulmanes ; ils incitent donc les familles à faire leur « hégire » dans un pays musulman, en particulier en Arabie saoudite, pays considéré par eux comme « le plus musulman » de tous. Par ailleurs, pour beaucoup de musulmans d'Europe se pose toujours la question du lieu où il convient d'être enterré au moment de sa mort. Peuvent-ils accepter d'être inhumés en terre de mécréance ? Un grand nombre parmi ceux qui ont toujours vécu en Europe continuent d'être enterrés dans le pays d'origine des parents.

JLS

Est-ce qu'on peut témoigner de Dieu hors de la terre d'islam ?

RB

Bien entendu, sinon il n'y aurait jamais eu d'expansion de l'islam ! Il n'y aurait pas de musulmans sur presque toute la surface de la terre comme c'est le cas aujourd'hui ! Il faut aussi prendre en compte le niveau de sécularisation et la pratique réelle des musulmans qui vivent en Europe, particulièrement en France. La plupart d'entre eux sont très loin de ces catégories théologiques. Ils ont très bien intégré le phénomène de la sécularisation et le principe de la laïcité. Ce sont certains milieux, des lobbies idéologiques, qui tentent aujourd'hui de réactiver dans l'imaginaire des musulmans « en diaspora » les catégories anciennes de la jurisprudence islamique, importantes quand l'islam avait l'initiative historique, mais désormais ignorées de la plupart. En effet, que veulent signifier ces catégories médiévales dans l'« islam mondialisé » ? Plus largement : que veut dire être musulman dans une société mondialisée, sécularisée, dans un contexte de mixité religieuse, où certains peuvent passer librement de l'islam au christianisme, au judaïsme ou au bouddhisme, ou encore à l'agnosticisme ou à l'athéisme, ce qui était difficilement pensable et réalisable il y a encore quelques dizaines d'années ?

L'islam ne peut plus régler ses problèmes pratiques par la jurisprudence, comme s'obstinent à le croire la plupart des milieux religieux. Quand on consulte tout ce qui se raconte sur la Toile, tous les avis juridiques (*fatwas*), parfois les plus fantasques, énoncés par différents imams et muftis aux statuts multiples, on voit bien que nombre des enseignements sont en décalage complet avec l'évolution du monde. Certains érudits tel Tareq Oubrou, le renommé et très sympathique imam de Bordeaux, se sont risqués, ces dernières années, à souhaiter l'élaboration d'une « *shari'a* des minorités », soit une législation religieuse adaptée à un islam en diaspora, installé dans un milieu majoritairement non musulman. Mais comment concevoir une législation islamique nouvelle pour des sociétés démocratiques où la loi qui s'impose est d'abord la loi de l'État, adoptée par les voies parlementaires ? Nous l'avons assez dit : le mot *shari'a*, en arabe coranique, désigne le chemin qui mène à la source d'eau affleurante. Dans le discours doctrinal théologique, il désigne la « Voie droite » tracée par Dieu, une « voie » que les juristes musulmans n'ont cessé, au cours des siècles, de décliner en diverses prescriptions juridiques.

DH

Récemment, quelqu'un m'a envoyé un texte dont je vous lis un extrait. Il provient d'un livre de prières juives publié à l'époque du règne de Louis-Philippe. Les juifs priaient alors ainsi : « Une nation généreuse a été l'instrument de tes desseins providentiels éternels. Elle a brisé nos chaînes, nous a ouvert ses bras et nous a réunis à ses autres enfants. Israël (le peuple d'Israël) a enfin retrouvé une patrie. Grâce te soit rendue mille fois, Seigneur, pour ce mémorable bienfait. » Texte extraordinaire. Dans ce contexte historique particulier, le salut des juifs vient selon eux de la France. La littérature rabbinique contient bien d'autres textes qui chantent les louanges de la France émancipatrice. Certains évoquent Napoléon comme un messie et l'appellent d'ailleurs ainsi. Dans le contexte actuel, où certains juifs ressentent un divorce par rapport à la France, il est bon de se rappeler qu'on a fait de ce pays dans le passé le lieu de la rédemption, sorte de Terre promise du judaïsme.

Peur et résistance à un monde nouveau

JLS

Aujourd'hui, dans ce qu'on appelle les tendances identitaires, revient l'idée qu'on ne peut pratiquer authentiquement sa religion que dans un contexte et une culture qui l'accompagnent. D'où vient selon vous ce syndrome de pureté ? D'un malaise dû au « mélange » dans la société où nous vivons ?

RB

Tant qu'on vit dans un monde relativement clos, peu bousculé par les apports extérieurs, où on ne se déplace jamais très loin en dehors de son milieu d'origine, on suit naturellement la tradition de ses pères. On reproduit de manière disciplinée ce qui vous a été transmis comme la seule façon de croire et de vivre, paraît-il, et « depuis toujours ». Mais dès lors que l'on vit dans un monde aux influences multiples, où les différentes manières de croire et de vivre se trouvent en présence et se confrontent, on est obligé de se positionner personnellement et de choisir. Il y a encore cinquante ans, un musulman du Maghreb pouvait difficilement imaginer vivre l'islam autrement que ses parents : son environnement humain lui enjoignait d'entretenir fidèlement ce qui faisait le patrimoine religieux des siens et il ne connaissait pas d'autres manières d'être musulman. Mais aujourd'hui, vous rencontrez et découvrez, là où vous vivez mais aussi en regardant les chaînes de télévision et en surfant sur Internet, bien des façons de vivre la foi musulmane. Vous apprenez et, surtout, vous expérimentez qu'il y a des sunnites et des chiites, qu'il y a des musulmans salafistes wahhabites et d'autres qui se réclament des Frères musulmans, des soufis et des musulmans libéraux, et même des « musulmans culturels » qui se disent athées, des féministes musulmanes et des musulmans homosexuels militants. Vous entendez des prédicateurs qui tiennent des discours opposés, des groupes qui s'excommunient mutuellement. Vous êtes informés de toutes les violences qui détruisent le monde musulman, de tous ses déchirements internes, particulièrement sanglants. Chacun est alors de plus en plus obligé de choisir « son » islam au milieu de tous les « islams » disponibles – ce que Abdennour Bidar appelle le « self islam [1] ». On est de plus en plus – à commencer dans nos pays européens où l'islam et les musulmans cherchent leur place – dans un « grand bricolage ». Les salafistes en djellaba chaussés de Nike me paraissent l'illustration la plus parlante de cette réalité… alors même qu'ils prétendent s'habiller comme le Prophète.

JLS

Personne n'est légitime pour dire quel est le « bon islam » ?

RB

Oui, une des principales difficultés pour les musulmans d'aujourd'hui est de savoir qui a autorité pour dire

1. Abdennour Bidar, *Self islam*, Paris, Seuil, « Points essais », 2016.

le « bon islam », qui est en capacité de délivrer les interprétations les plus orthodoxes et, en même temps, les plus respectueuses de la condition et de la liberté des hommes. Tant de voix s'élèvent et se disputent cette place ! Tant de prétendants à l'incarnation de la « seule Vérité » cherchent à s'imposer ! Au cœur de ce chaos, beaucoup sont perdus, angoissés, et cherchent des certitudes et des prescriptions claires. Beaucoup désirent des « recettes simples », des « modes d'emploi de la vie selon l'islam ». Chez certains, il peut y avoir aussi la conviction – largement prêchée par les courants de réislamisation du monde – que le religieux doit gouverner la conscience humaine et l'ensemble de la société. Au vrai, le monde musulman n'est pas sorti de la tentation du « tout religieux », y compris dans le champ politique. En France, on pensait qu'avec la laïcité tout cela était réglé, mais en réalité l'équation – ou la tension ! – entre théologie et politique est toujours d'actualité, sous des formes multiples.

DH

Me revient la phrase très classique d'Antonio Gramsci, souvent citée : « Le vieux monde se meurt, un nouveau monde tarde à apparaître, et dans le clair-obscur surgissent les monstres. » Beaucoup ont l'impression qu'une époque s'achève, et nul ne sait quel sera le nouveau modèle politique. De cet entre-deux surgit le monstrueux, ce que Freud appelait « l'inquiétante étrangeté », *das Unheimliche*, quelque chose qui nous est familier sans le rester totalement, qui est nouveau tout en ressemblant à l'ancien, et qu'on ne contrôle pas. Mais nombreux sont ceux qui sont finalement séduits par un discours qui reconstruit des frontières extrêmement élevées, fussent-elles factices. Elles ont l'avantage de remettre de l'ordre dans un désordre apparent, car beaucoup sont terrifiés par les « monstres » du flou, de l'entre-deux.

En italien, « monstre » veut aussi dire « apparition » : quelque chose pourrait apparaître, venu d'on ne sait où, et qui est perçu comme terrifiant. On reconstruit donc des frontières car on craint la confusion, le « monstre » créé par la mondialisation et le libéralisme culturel. On se demande par exemple aujourd'hui : Qu'est-ce que l'identité masculine ? Qu'est-ce que l'identité féminine ? Qu'en est-il de leur complémentarité et de leur autonomie ? Ce flou met les gens dans un état d'anxiété extrêmement fort.

Consolider des individus affaiblis, mais comment ?

JLS

Est-ce qu'il n'y a pas finalement, chez les fondamentalistes, une forme de panique, un sentiment objectif d'apocalypse ? Ils sont paniqués (pas tous, comme l'a souligné Rachid) et en même temps convaincus qu'on est dans le temps de la fin, celui du jugement.

RB

La préoccupation de la fin des temps en général est au centre de la pensée religieuse musulmane et au cœur de la vie des croyants. Le Coran annonce le grand bouleversement final, qui conduira au Jour de la Rétribution, au jugement de chaque homme, à la récompense des vertueux et au châtiment des autres. Mais la théologie musulmane a, de surcroît, développé le thème des *adhâbs al qabr*, des « tourments de la tombe », auxquels j'ai fait allusion rapidement. De quoi s'agit-il ? Dès que le corps du défunt est placé dans sa sépulture, celui-ci serait soumis à un préjugement, interrogé par les autres morts rassemblés autour de lui, défendu par ses bonnes œuvres, accusé par ses mauvaises actions et pensées. À partir de son inhumation, le trépassé aurait déjà la vision de sa demeure future au paradis ou en enfer, vision qui lui vaudrait soit de reposer aussitôt dans la félicité, soit d'être plongé dans des tourments interminables. Certains imams diffusent cet enseignement, et toute une littérature circule à ce sujet, en particulier un opuscule intitulé justement *Les Tourments de la tombe*, rédigé à partir de l'œuvre d'un docteur de la loi du XIVe siècle, Ibn Rajab al-Hanbali. Cette littérature, par bien des aspects terrifiante, est aujourd'hui très prisée et marque les esprits aussi bien des enfants que des adultes. Pourquoi un tel succès ? Très certainement en raison d'une insatisfaction quant à l'existence présente, en réaction aux injustices de ce bas monde. L'assurance que les méchants, les injustes, seront sévèrement punis représente un motif puissant de consolation, une forme de revanche. D'ailleurs, le succès de ces discours apocalyptique ne s'observe pas seulement chez les musulmans, on le trouve aussi dans les milieux chrétiens évangéliques et pentecôtistes, et c'est aussi la clé d'un certain succès des Témoins de Jéhovah.

Dans la Bible, il y a le cri du psalmiste lancé au Ciel (et que Jésus, selon les Évangiles, reprend sur la croix) : « Mon Dieu, mon Dieu, pourquoi m'as-tu abandonné ? » Dans le discours islamique, on ne saurait faire un tel reproche à Dieu, et ce qui est dénoncé est l'abandon de Dieu par les hommes. Les prédicateurs ne cessent de dire aux fidèles : « Vous avez abandonné Dieu, vous êtes coupables, vous devez revenir aux normes, à tous les préceptes de la loi d'Allah ! » La pression est très forte et produit les effets désirés par ceux qui privilégient ce type d'enseignement. À la fois de la peur, mais aussi un retour à l'observance religieuse, avec de la surenchère chez beaucoup. Comme le remarque le psychanalyste Fethi Benslama, il s'agirait de devenir un « surmusulman [1] », en érigeant une barrière de règles, là où notre société et notre monde auraient davantage besoin d'une attitude spirituelle d'ouverture à l'autre.

DH

Oui, on renforce par du rite le « nous » contre le « eux », on rend imperméable la barrière entre ces groupes consolidés. L'angoisse de la porosité du monde ressemble à celle de l'enfant qui voit son biscuit fondre une fois trempé dans le bain : pour lui, c'est la fin du monde, car la porosité menace de le dissoudre. Le communautarisme propose une recette séduisante : une éclipse partielle du « je » au profit d'un « nous » dans lequel on peut s'abandonner. Le « je » s'y fond sans crainte, convaincu que le « nous » lui offrira des parois parfaitement imperméables.

RB

En investissant à fond le rite, les musulmans fondamentalistes éprouvent le sentiment de ne pas être des individus interchangeables dans la société. Convaincus que Dieu agrée leur attitude, qu'ils acquièrent ainsi du « prix » au regard du Créateur, ils se sentent redevenir

1. *Un furieux désir de sacrifice. Le surmusulman*, Paris, Seuil, 2016.

des sujets, au contraire de leur expérience sociale ordinaire. Dans les démocraties actuelles, on le sait, l'individualisme représente une dynamique forte et fragmente de plus en plus la société, délite les solidarités. Le processus de subjectivation fait aussi que beaucoup ont le sentiment d'être de moins en moins en interaction avec les autres, avec l'État social, avec le politique, avec l'altérité… Dès lors, le Dieu transcendant, par l'observance zélée de ses commandements, permet à des individus fragmentés de retrouver une unité, d'exister dans une communauté de « nous », définie en fonction du « eux » que constituent les non-musulmans et les non-pratiquants de l'islam.

DH

Je repense à une scène hilarante des Monty Python, dans *La Vie de Brian*, un film que tout le monde devrait revoir. À un moment, le personnage, sorte de Jésus revisité, dit au groupe : « Vous êtes tous des individus », et eux de répondre en chœur : « Oui, nous sommes tous des individus ! » Il reprend : « Vous êtes tous différents ! », et la foule répète : « Oui, nous sommes tous différents ! » Le groupe a besoin d'un « unisson » qui va le consolider.

JLS

En vous écoutant, je me dis qu'il existe pourtant toutes sortes de textes juifs qui célèbrent la liberté de l'interprétation, et depuis un certain temps on en trouve aussi chez des auteurs musulmans, surtout en France et même dans les pays musulmans. Et il y a aussi les discours de la laïcité, qui pensait que l'enseignement de la

République apporterait à tous les lumières de la Raison. Et pourtant, on a l'impression que le taux de communautarisme ne baisse pas, qu'au contraire il monte.

DH

Il est inquiétant et déstabilisant d'être libre, que la liberté soit donnée par la société ou par l'interprétation – qui est quand même un outil de liberté extraordinaire pour ceux qui la pratiquent. Cela revient à accepter d'être dans un inconfort permanent.

RB

Dans *La Fatigue d'être soi. Dépression et société*[1], Alain Ehrenberg souligne que, dans notre société, on est toujours obligé de choisir et qu'au bout d'un certain temps les gens ont envie d'être pris en charge ! C'est quelque chose de ce genre que propose ce « nous, les musulmans » : il n'y a plus besoin de penser. Penser par soi-même est la chose la plus difficile, comme l'exposait déjà Kant dans son célèbre essai *Qu'est-ce que les Lumières ?* Les fondamentalistes proposent un « package » religieux qui prétend être complet, des « recettes » qui doivent conduire rapidement à l'accomplissement. Une tromperie bien sûr… Le phénomène du croire ne peut se vivre que dans la conscience de l'inachevé.

1. Paris, Odile Jacob, 2000.

La patrie portative et le groupe bien guidé

JLS

Est-ce qu'il y a dans l'islam quelque chose comme l'idée que Delphine développait tout à l'heure au sujet de la « patrie portative » ? Est-ce que le Coran pourrait être dans l'islam une patrie portative ?

RB

Nous en avons déjà parlé : le rapport à la terre n'est pas le même en islam et en judaïsme, et la notion de « patrie portative » n'a pas lieu d'être dès lors que toute terre appartient à Dieu et a vocation à devenir, un jour, « terre d'islam », au sens de terre où le vrai dieu, Allah, sera adoré. Bien entendu, ceux qui ont vécu une immigration, la « première génération » des Maghrébins de France en particulier, ont la nostalgie du pays des pères qui a été quitté, et portent dans leur cœur ce pays bien-aimé, mais ce n'est plus la même chose pour les générations suivantes. Quant au Coran, n'oublions jamais que c'est d'abord et toujours une parole devenue texte, et que son écoute et sa cantilation demeurent premières par rapport à sa lecture. Les musulmans ne scrutent pas le texte comme le font les juifs ! Ils ne sont pas dans le « corps à corps » avec celui-ci, comme le sont les rabbins et les pratiquants des écoles talmudiques.

Par ailleurs, l'idée d'un « peuple musulman » n'existe pas en islam, tout simplement parce que tous les peuples sont appelés à connaître ce Dieu unique. Certes, les locuteurs de langue arabe sont mis en valeur, puisque Dieu s'est exprimé dans cette langue et que le prophète

Muhammad a été choisi par Dieu au sein des tribus arabes. Mais la mission de ce « peuple » arabe n'est pas de garder l'observance des commandements divins pour lui : elle est, au contraire, de se comporter comme un groupe en expansion. En islam, ce qui va être privilégié, c'est de former une communauté des observants, une communauté des croyants. Ceux qui ont été appelés, ce sont tous ceux qui pouvaient se montrer capables d'accueillir avec confiance la parole tranchante d'un homme que Dieu avait choisi, et non une communauté constituée. Cette communauté de croyants, et non pas les membres de telle ou telle tribu, est appelée *umma*. Les usages coraniques de ce mot doivent être rapportés à la racine *'amma* qui signifie « suivre une direction » et « marcher en tête d'un groupe » pour le guider.

JLS

C'est la même racine que « imam » ?

RB

En effet. Dans le Coran, tous les êtres animés, *djinns* et animaux, éprouvent le besoin de s'organiser en communautés et constituent des *umma*.

DH

Cela n'a donc rien à voir avec la mère ?

RB

Il ne faut pas féminiser la *umma* en rattachant le mot à la « mère » comme le font nombre de commentateurs ou certains journalistes. Le substrat anthropologique du

Coran renvoie aux sociétés patriarcales, qui interdisent ce genre d'interprétation.

Le rapprochement entre *umma* et *umm*, « mère », a surtout été fait par les orientalistes, puis par ceux qui ont tenté une lecture psychanalytique du Coran. *Umm al-Kitâb*, la « Mère de l'Écrit », l'archétype céleste du Coran, désigne l'idée d'une écriture primordiale qui contient tout pour être adaptée aux différentes situations et prévoit donc tout ce qui peut arriver. Cette idée est récurrente dans le Coran : tout est prévu par le Dieu créateur ; les hommes entrés dans son alliance peuvent être tranquilles.

L'idée de communauté « matriciante » ou « matricielle » n'est pas inintéressante, mais le contexte historique de l'énonciation première du Coran renvoie plus sûrement à la notion de « groupe bien guidé ». Cette dimension de la guidance[1] est fondamentale.

DH

C'est très intéressant selon moi. Ceux qui disent que *umma* signifie « mère » suggèrent que l'origine d'un individu définit qui il est. Mais si l'on dit que *umma* indique le « guide », ou le « bien-guidé », cela veut dire que l'identité est définie par le lieu où l'on va et non celui d'où l'on vient. C'est un changement fondamental de point de vue.

RB

En allant dans le même sens que Delphine, je dirais que le Coran appelle l'homme à ne pas revenir au lieu

1. Jacqueline Chabbi, *Les Trois Piliers de l'islam. Lecture anthropologique du Coran*, Paris, Seuil, 2016.

d'où il vient : il doit être un homme « en marche » et se laisser guider avec confiance par le Seigneur, ce qui est sa vocation. D'ailleurs, après avoir reconquis La Mecque d'où il avait été chassé, le Prophète a choisi de rester à Médine, où il est mort. Il n'est pas indifférent que le calendrier musulman se soit constitué à partir de l'hégire : s'éloigner des siens quand il en est besoin s'avère essentiel.

DH

C'est quelque chose de commun dans nos religions qu'il serait intéressant d'explorer et que nos traditions ont tendance à nier, alors que c'est pourtant explicite. L'histoire commence et le temps est compté à partir du point d'arrachement d'un homme ou d'un peuple. Étrangement, tous les discours fondamentalistes souhaitent assigner les gens à résidence et font de l'ancrage et du refus du changement le point de départ de la tradition. Ils font de l'immobilisme un slogan là où les textes encensent le mouvement.

JLS

Aurions-nous trouvé le titre de notre livre ?

DH

« En marche » ?

JLS

Pour rester « insoumis » !

RB

Mais sous la houlette de Dieu ! Car le terme *muslim* dans le Coran ne signifie pas être « soumis ». Il s'agit plutôt de l'idée selon laquelle on se trouve sous la sauvegarde de Dieu, comme je l'ai dit. Le *muslim*, autrement dit, est celui qui accepte de mettre simplement son salut, sa vie sous la protection de Dieu.

Chapitre 4

La laïcité

JLS

Dans tout ce qui précède, nous avons parlé « religion », un peu comme si nous étions indifférents au « politique ». Il faut pourtant l'évoquer, et même plus que l'« évoquer » : en parler comme d'une réalité nécessaire et estimable. J'avancerai donc pour commencer ceci, à mes risques et périls : dans nos sociétés qui perdent la mémoire, les religions sont en difficulté, mais la laïcité aussi est en crise : elle n'est plus comprise par beaucoup de jeunes et même d'adultes, et la séparation entre l'Église et l'État (aujourd'hui on dirait entre la religion et l'État) en France est désormais discutée par tout le monde. Mon collègue et ami Jean Baubérot a discerné sept conceptions de la laïcité [1] : là aussi, c'est le désordre.

Quels sont les avantages de la laïcité que vous voyez dans la conjoncture actuelle ? Qu'est-ce qui vous paraît souhaitable et qu'est-ce qui vous paraît manquer dans notre laïcité française ou dans nos séparations laïques ?

1. Jean Baubérot, *Les Sept Laïcités françaises. Le modèle français de laïcité n'existe pas*, Paris, Maison des sciences de l'homme, 2015.

La capacité de dire « je »

DH

Quand je réfléchis aux mots « laïque » et « laïcité », je suis toujours ramenée à un souvenir bouleversant : le jour de l'inhumation d'Elsa Cayat, la seule femme assassinée lors de l'attentat contre *Charlie Hebdo*, le 7 janvier 2015. Sa famille, d'origine juive, m'a demandé d'officier au cimetière du Montparnasse, quelques jours après les attentats des 7, 8 et 9 janvier. Quand je suis arrivée près du cortège, la sœur d'Elsa m'a prise par la main et m'a présentée à tous ses proches et à ses amis en disant : « C'est Delphine Horvilleur, le rabbin laïque. » J'ai sursauté en me demandant ce que cela voulait dire et ce qu'ils attendaient de moi. Depuis, le titre de « rabbin laïque » n'a cessé de trotter dans ma tête, et je me suis rendu compte qu'il me plaisait. Je l'ai revendiqué en plusieurs circonstances. L'idée qu'on soit invité en permanence à penser avec et contre soi-même, avec et contre son héritage est une idée qui me plaît dans la laïcité française. J'y vois la capacité de l'individu à dire « je », contre le « nous » de son appartenance. Cette idée est, ô combien, précieuse !

Le propre du communautarisme que nous vivons depuis quelques années est d'avoir laissé certains dire « nous » en prétendant dire « je », c'est-à-dire énoncer des revendications collectives au nom de la liberté individuelle. Je le ressens par exemple dans le discours de certaines femmes voilées, qui disent qu'elles ont le droit de se couvrir entièrement, si tel est leur choix de sujet libre et responsable. Bien entendu, la laïcité et la République doivent le leur permettre, de même qu'elle permet à toute femme de s'habiller comme elle l'entend. Mais quand ces femmes disent « je », j'y entends tout de même très fortement un « nous », qui traduit la pression d'un groupe, qu'elles le veuillent ou non. La meilleure preuve de ce « nous » camouflé dans le discours est l'absence de tout discours critique autre que celui qui attaque la République et ses lois « liberticides ». Ces femmes dénoncent la négation de leur droit de sujet par la nation, mais jamais par leur tradition religieuse. Pourquoi le sujet libre et responsable qu'elles affirment pouvoir être ne s'exprime-t-il que contre des lois républicaines et jamais contre celles du patriarcat religieux ?

Penser contre soi, contre son groupe d'appartenance ou le lieu de sa naissance, avoir même parfois la possibilité de penser contre son Dieu et contre ceux qui parlent en son nom… c'est le cadeau précieux qu'à mon sens la laïcité nous fait.

JLS

La laïcité et « le laïque » ne sont généralement pas pensés en ces termes. Ce serait donc une huitième conception de la laïcité. Elle sort d'une conception purement juridique qui ne voit que des démarcations à respecter.

DH

Je me souviens de débats que j'ai eus en 1989 avec mon grand-père pendant l'affaire dite des « foulards de Creil », une des premières polémiques à propos du port du voile à l'école. Mon grand-père avait une formation rabbinique et il était professeur dans un lycée républicain et laïque. Nous n'étions pas du tout d'accord sur la définition de la laïcité. J'avais déjà conscience que ce mot résonnait autrement pour chacun de nous, et cela continue aujourd'hui. Comme si quelque chose dans ce mot était intraduisible, un terme non explicite pour deux individus même lorsqu'ils parlent la même langue.

RB

Je parlerais volontiers d'imaginaires de la laïcité, car si sa définition est devenue incertaine, ce mot déclenche incontestablement des représentations et des réactions diverses. C'est comme le mot « islam » : on ne sait jamais comment les gens le définissent et comment ils vont réagir quand on leur en parle. C'est devenu un vocable au sens flou, disponible pour toutes sortes d'utilisations idéologiques. Il faut donc à la fois revenir à la lettre de la loi de 1905 (qui n'emploie à aucun moment le terme « laïcité », mais porte sur la séparation de l'État et des Églises !) et considérer les usages qu'on en fait.

Plusieurs conceptions de la laïcité sont aujourd'hui présentes. Tout d'abord, vous avez des gens – les plus nombreux probablement dans la société française – qui disent qu'ils sont d'accord pour un religieux visible dans l'espace public, à condition que celui-ci n'empiète pas sur les normes majoritairement approuvées, qu'il ne gêne pas le « bien vivre ensemble ». Mais d'autres souhaitent purement et simplement l'éradication du religieux de l'espace public ! D'autres encore veulent repenser une laïcité en crise, et ils ajoutent au terme « laïcité » divers adjectifs. D'un principe juridique de séparation – ce qu'est au sens strict la laïcité –, on a fait de plus en plus une valeur, une philosophie même, et c'est ce qui explique que la laïcité peut devenir source de tensions et entrer en conflit avec les religions, qui s'inscrivent précisément dans ce créneau.

Mais finalement, peu importe : à mon sens, l'édifice de la laïcité républicaine, forgé dans un long conflit historique entre l'État issu de la Révolution française de 1789 et l'Église catholique, se montre défaillant – ou du moins mal adapté – pour faire face à des problématiques nouvelles : les revendications religieuses identitaires et les fondamentalismes religieux. Ce n'est pas à coups d'incantations répétées sur la « laïcité républicaine » et le « vivre-ensemble » que nous pourrons nous en sortir ! La laïcité, selon moi, doit rester une sorte de « lieu vide », qui n'est occupé par personne dans l'espace public. Ce principe juridique de séparation n'a pas vocation à être une « néo-religion », ni une philosophie ni une idéologie : la République a, pour cela, la philosophie des droits de l'homme, héritée des Lumières et réaffirmée avec la Déclaration universelle de 1948 dont la France a été une des principales puissances énonciatrices. Le principe juridique de la laïcité favorise cependant une position philosophique : stimuler l'esprit critique par rapport à tous les héritages reçus, permettre à chacun d'accepter de mettre de la distance même avec ses croyances les plus ancrées. Voilà ce qui, pour moi, serait constructif d'une « laïcité vivante » !

JLS

Pour simplifier, le problème premier ne serait pas dans l'éternelle querelle entre laïcité « ouverte » et laïcité « fermée ». La laïcité, ce sont certes des règles, des séparations, mais elle devrait finalement être un appel à penser.

DH

Exactement, et un appel à développer notre sens critique.

RB

Un appel à penser même contre soi, contre ses propres présupposés et représentations.

DH

Ce serait le vrai héritage des Lumières en France. Cela passe par un meilleur apprentissage de l'histoire, mais aussi des langues. Il faut que cela permette d'exercer un regard critique sur l'endroit d'où l'on vient, sur son « mobilier d'origine ».

RB

Or, nous voyons bien que ce n'est pas ce qui se passe dans les débats auxquels nous assistons ! Ce que nous observons le plus souvent, ce sont des gens qui brandissent la laïcité en la présentant comme *la* solution à tous nos problèmes. Cela devient une sorte de mantra qu'on répète… mais qui, en définitive, n'est que le discours inversé des islamistes !

DH

À la différence que ce discours-là n'assassine personne !

Laïcité dans les religions

DH

Je suis persuadée que nos religions ont des ressources trop peu exploitées pour nourrir la réflexion sur la laïcité. Dans le judaïsme, par exemple, certains textes du Talmud ou de la kabbale racontent une forme de retrait ou d'éclipse du divin, et ces récits illuminent de façon intéressante la notion de laïcité. À sa manière, le judaïsme peut être défini comme une pensée « a-thée » au sens premier du terme : en de nombreuses circonstances, Dieu est décrit comme se tenant hors du monde, et les hommes lui disent quelque chose comme : « Dorénavant, c'est nous qui sommes aux commandes. Toi tu es loin, alors reste là où tu es. »

Par exemple : dans un texte très célèbre du Talmud[1], des sages débattent entre eux sans jamais tomber d'accord. Soudain, l'un d'eux se lève, désigne un arbre et annonce que, s'il a raison, cet arbre sera arraché et planté ailleurs. Autrement dit, l'ordre de la nature sera renversé pour démontrer que ce sage détient la vérité. Immédiatement, Dieu intervient et réalise ensuite une série de miracles en appui de la démonstration du rabbin. À ce moment-là, un autre sage se lève et dit à Dieu que la Torah n'est pas au ciel : certes, il nous l'a donnée, mais maintenant que la Loi est entre nos mains, il n'a pas à intervenir dans les affaires des hommes, car il est là-haut, et nous sommes ici.

Ce texte talmudique, ancien d'environ deux mille ans, illustre très étrangement une mise à distance du divin. Il faut qu'il y ait du manque, de l'absence, de la place faite

1. *Baba Metzia 59.*

à l'homme, ce dont Rachid parlait, pour que la laïcité fonctionne. Il est intéressant de voir que parfois, dans les textes religieux eux-mêmes, c'est dit clairement. La société a besoin de ce vide, qui est le seul garant de liberté, de quelque chose qui va permettre à l'homme d'exercer sa responsabilité dans le monde. Cela fait écho à ce qu'idéalement la laïcité pourrait garantir… mais qui est aujourd'hui mis en échec.

RB

Dans la tradition prophétique aussi, on trouve cette idée que tout ce qui concerne les observances religieuses appartient à Dieu et que ce qui concerne la gestion pratique du domaine politique et du domaine social relève des hommes. Au cours du développement de l'islam historique, on remarque d'ailleurs qu'il y a eu, le plus souvent, distinction et non pas confusion entre le politique et le religieux : aux souverains le pouvoir temporel, aux oulémas – les savants religieux – le pouvoir spirituel. Mais aujourd'hui, dans une grande partie des nations majoritairement musulmanes et au sein des courants religieux qui ont le vent en poupe, non seulement on ne voit pas de séparation, mais on assiste à la subordination du religieux au politique, même si les savants religieux s'efforcent – ou font mine – de dicter la loi aux gouvernants (ce qu'ils parviennent encore à faire dans le domaine des mœurs, du code de la famille par exemple). En fait, dans la plupart des cas, chacun utilise l'autre et y trouve son compte. Dans les espaces qui leur sont octroyés, en tout cas, les acteurs religieux ne cessent de vouloir encadrer la vie des gens à partir de multiples références à l'énorme appareil juridique du droit musulman.

Il ne faudrait pourtant jamais oublier le caractère humain de toute jurisprudence ou de tout discours, même sur Dieu.

JLS

Je vais me faire un peu l'avocat du diable. La plupart des militants laïques sont respectueux du religieux, de la foi, de l'observance des croyances, des gens dits « pratiquants ». Il n'en reste pas moins que nous vivons dans une société « sans Dieu ». Comment ressentez-vous cette société non religieuse ? Est-elle une gêne pour vous ?

RB

L'implantation de l'islam en Europe s'avère une chance pour l'islam. Cela permet, par exemple, de poser le principe de l'égalité des sexes et de relire nos héritages selon cette exigence de la modernité. Un autre élément me paraît décisif : ici, en Europe occidentale, nous ne vivons plus dans des pays où l'islam est la religion de l'État. Cela permet d'évacuer la dimension politico-religieuse de l'islam et l'exploration d'autres dimensions : l'éthique, la spiritualité, le social… Tout cela représente une promesse d'avenir pour toutes les sociétés musulmanes, à commencer par les sociétés d'origine des musulmans d'Europe, comme le Maroc, l'Algérie ou la Tunisie.

Cependant, une des pathologies de la société française est le manque de culture religieuse. Pour différentes raisons – notamment historiques –, on ne comprend plus le religieux, ou si peu ! La montée en puissance des fondamentalismes, particulièrement du fondamentalisme musulman, ne fait qu'aggraver les choses, car toute une partie des citoyens se crispe, de crainte notamment qu'un nouvel ordre moral religieux veuille s'imposer à tous. Le discours fondamentaliste, finalement servi par tout un discours médiatique et politique qui amplifie sa réalité, a imposé son langage. Ainsi, dès lors que nous avons des liens familiaux avec l'islam, nous sommes tous définis comme « musulmans ». Seule notre islamité nous définirait, au détriment de toutes les autres dimensions de notre personnalité, qui nous relient aux autres !

JLS

Oui, je comprends que cela soit irritant, sinon plus. Je n'ai qu'à comparer avec moi-même : cela m'arrive aussi d'être avant tout considéré comme un « chrétien », et c'est insupportable ! Mais en France surtout – c'est ainsi et pas autrement –, on est dans l'ignorance et la méconnaissance du religieux (et des gens religieux), et l'inverse est vrai aussi !

RB

Oui, l'inverse aussi est vrai. Cependant, j'observe que la société française est lassée d'entendre chaque jour parler de religion, d'entendre ces polémiques récurrentes à leur sujet ! Tout ce bruit autour du religieux a pour seule conséquence d'exacerber les peurs et les passions, et ce n'est pas sain. Il faut trouver un langage qui parle aux gens, qui les rejoigne. Quand je suis invité dans des prisons de France pour rencontrer des jeunes qui ont fait un passage par la Syrie ou par l'Irak, il arrive qu'on me prévienne que tel ou tel ne veut pas échanger avec moi. Pourtant, dès que je commence à leur parler, un dialogue s'installe. On me demande comment je fais, et je réponds simplement que je leur parle de choses qui les intéressent ! Ce n'est pas avec des discours sur la citoyenneté ou sur la laïcité qu'on va s'en sortir, en tout cas je constate que cela ne fonctionne pas.

JLS

Inversons un peu les perspectives : que pourrait apporter une religion à la société sécularisée ? Quelle réponse feriez-vous à un militant laïque sur l'utilité de la foi ?

DH

Aujourd'hui, toute une partie de la société française ne perçoit les religions que par le prisme de la menace qu'elles représentent pour le vivre-ensemble. Je ne saurais complètement donner tort à ces voix-là, car si, en théorie, les religions, les voix et les traditions religieuses peuvent être une bénédiction pour la société et enrichir le débat de leur sagesse ancestrale, bien souvent les voix les plus fortes qui s'expriment en leur nom ne font que l'appauvrir, par leur fermeture.

Changer la donne passe peut-être par la conscience de la pluralité des voix, le refus d'en voir une parler au nom du groupe. On l'a bien vu au moment du débat sur le mariage pour tous. On a tendu les micros uniquement vers les voix religieuses qui prêchaient comme une évidence le plus grand conservatisme : c'était « péché », « une aberration », « une abomination » ou la négation du projet divin de la Genèse… *Quid* des autres voix du groupe ? Dans chaque religion s'expriment des sensibilités différentes, diverses, dépendant d'héritages et de jurisprudences différents. Aujourd'hui, pour que nos traditions religieuses puissent contribuer de façon bénéfique à un débat de société, il faut réhabiliter la pluralité de leurs histoires, leur complexité et les différentes voix qui s'y expriment.

C'est ce que j'essaie de faire dans la revue *Tenou'a* que j'ai la chance de diriger, et qui s'intéresse à des sujets de société. Nous avons réalisé des numéros sur l'homosexualité, sur l'immigration, sur l'environnement. Ce sont des sujets de société nationaux – ou même internationaux – où se reflète la diversité des pensées juives sur ces questions. Pour moi, cela fait partie de la solution à nos difficultés avec les religions. Tant que la voix religieuse est confisquée par certains, elle sera une malédiction pour la société.

Le pluralisme est aujourd'hui une clé. Cela me touche très concrètement à travers l'organisation du judaïsme français. Depuis Napoléon, les juifs de France sont officiellement représentés par la voix d'un consistoire et du grand rabbin de France. Or, la structure consistoriale centralisatrice, aujourd'hui orthodoxe, suggère qu'il existe une voix monolithique et éclipse la diversité des voix juives en France dans leur pleine légitimité. Cela participe selon moi de la question de la laïcité. Si celle-ci sert, comme on l'a dit, à faire parler le « je » parfois contre le « nous », il faut qu'à l'intérieur de chaque groupe le « nous » ne soit pas confisqué par une voix qui parle au nom du groupe, sans reconnaître la légitimité de toutes ses voix. De ce point de vue, la République a aussi une carte à jouer : comment faire pour qu'aucune voix au sein de nos traditions religieuses ne soit considérée comme exclusive, et pour réhabiliter la légitimité d'autres lectures et d'autres histoires ?

RB

Je ne saurais mieux dire les choses ! Le développement de Delphine est magnifique et j'y souscris totalement !

La religion des pauvres, la consolation et l'enseignement de la distance

JLS

Je ne dirai rien de plus moi non plus, mais je voudrais poser une autre question. Éditeur aux éditions du Seuil à l'époque du succès des « sciences humaines », je publiais des essais sur « sciences humaines et religion ». Mon patron, qui était musulman, m'a un jour rappelé amicalement à l'ordre : « N'est-ce pas une parole d'Évangile qui dit, dans votre religion, que l'homme ne se nourrit pas seulement de pain, mais de toute parole qui sort de la bouche de Dieu[1] ? » Je crois me souvenir qu'il a ajouté que beaucoup de gens religieux et croyants faisaient partie des pauvres, du Sud mais aussi du Nord. Ce ne sont pas des gens qui « pensent » leur croyance ; la religion représente pour eux une consolation, le sens le plus immédiat et évident de la vie en quelque sorte. Dans la vie, la mort, la souffrance, dans toutes les épreuves qui les atteignent, le religieux représente une sortie de malheur, et l'espérance d'une vie future qui « rachètera » celle-ci. Marx a critiqué cette consolation, qui est aussi une résignation, mais moi-même je suis revenu de cette critique. Effectivement, ces pauvres dont je parle, du Sud et du Nord, n'ont souvent pas grand-chose à faire de la laïcité. Est-ce que cet argument – l'« excuse » de la pauvreté – est recevable d'après vous ?

1. Matthieu 4,4 (c'est une parole reprise de Deutéronome 8,3).

RB

Que le religieux remplisse des fonctions d'espérance, de consolation, de refuge identitaire c'est évident... et pourquoi pas ? Le problème, c'est quand ce recours au religieux en vient à séparer dangereusement les composantes d'une société, et aussi quand il se révèle aliénant pour les fidèles qui peuvent se laisser manipuler. Il y a, évidemment, « religieux » et « religieux » ! Du religieux qui construit et du religieux qui détruit. Du religieux qui libère et du religieux qui enferme. Du religieux qui produit de l'amour et du religieux qui fabrique de la haine. Mais la société française privilégie trop souvent les analyses simplistes ; elle ne voit que des réalités apparemment monolithiques, sans complexité ni contradictions, et elle reste marquée par le modèle religieux hiérarchique du catholicisme romain. Ainsi recherche-t-elle des responsables religieux habilités à parler d'une seule voix pour tout le monde, et elle s'étonne quand ceux qu'elle a choisis ne sont pas entendus et suivis par les fidèles !

L'existence d'un religieux qui divise et qui aliène ne doit pas faire oublier que le religieux a d'abord pour qualité de rappeler la transcendance de la vie. Même des non-croyants, des non-religieux peuvent en convenir : l'homme outrepasse l'homme. L'origine sera toujours notre part manquante. C'est pourquoi le religieux contribue à penser l'homme, et d'abord ses limites. Bible et Coran, pour ne citer que ces deux grandes œuvres, rendent compte de la condition humaine d'une manière qui s'avère porteuse d'enseignements et d'une dynamique de vie non seulement pour des hommes d'un lieu et d'un temps limités, mais pour des hommes de nations diverses qui se succèdent sur plusieurs siècles. Ce n'est quand même pas anodin !

L'éloge du religieux que je suis en train de faire ne m'empêche pas – bien au contraire ! – de considérer et d'affirmer que la critique de la religion – y compris la critique de ce que les religions peuvent dire de Dieu – est absolument nécessaire et salutaire. J'en appelle, dans le champ religieux comme dans tous les champs du savoir, à une « éducation à la distance ».

DH

En réalité, la thèse de l'opium du peuple, si souvent mise en avant dans la critique contre les religions, vaut pour tout système idéologique. Des hommes et des femmes se réfugient dans la religion, comme d'autres ont trouvé un jour refuge dans le communisme, le nationalisme… ou dans n'importe quel « -isme » qui leur apportait des réponses simples et des promesses rutilantes. Bien sûr, un certain esprit français, « bouffe-curé », fait aussi partie de notre histoire et de notre culture. Quand vous dites que vous vous inscrivez dans un système de croyances, on vous regarde parfois en France avec surprise ou commisération, comme si vous étiez resté coincé dans une phase développementale inaboutie, une naïveté gentillette. Que répondre à cela, si ce n'est que le dieu en lequel ces sceptiques ne croient pas, je n'y crois pas non plus ? S'ils veulent réduire ma croyance en une confiance au Père Noël, c'est leur problème.

Chapitre 5

Femmes et hommes

JLS

Est-ce que la religion est une affaire d'homme, d'homme mâle, de masculin ? On parle volontiers de la place des femmes dans les religions, mais pour déplorer qu'elles ne soient pas reconnues, qu'elles soient minorées, privées de la parole, sans responsabilité de direction ou de gouvernement, réduites à rendre des services « inférieurs » dans la communauté.

Un féminisme anachronique ?

DH

Vous l'imaginez bien, on me demande régulièrement si les religions sont misogynes par essence, et s'il existe dans le discours religieux une place pour les voix féminines ou même féministes. En fait, se poser la question du « féminisme » du texte est à la fois absurde et anachronique…

RB

Je souscris absolument : de tels préalables empêchent le travail qui doit être fait sur les textes, notamment par les féministes d'aujourd'hui. Se demander si ces textes sont féministes, c'est projeter sur eux des catégories de pensée et des préoccupations (sociales, morales, juridiques, philosophiques) qui n'étaient pas du tout à l'ordre du jour au moment de leur énonciation.

DH

Oui, on peut toujours démontrer, dans un discours apologétique, que les matriarches, les prophétesses et les héroïnes dans la Bible jouent un rôle de premier plan, ou que ce sont des figures qui annoncent l'émancipation féminine… On aboutit vite à une impasse. Nos textes sont indéniablement nourris d'un patriarcat qui est la trace de la société dans laquelle ils ont été transmis, interprétés, pensés et lus. Ils racontent une société dans laquelle une femme passe de l'autorité d'un père à celui d'un mari et doit agir dans l'ombre ou avec ruse pour changer son destin. C'est l'histoire de presque toutes les héroïnes bibliques, de Rebecca à Esther en passant par Ruth ou Tamar. Il ne s'agit donc pas de greffer sur ces textes une lecture du XXIe siècle ou de décréter par principe qu'ils sont « modernes », mais de se demander ce que signifie pour nous l'héritage de ces lectures passées. En clair, la question n'est pas de savoir si un écrit prophétique, un passage du Talmud ou un commentateur du Moyen Âge sont « misogynes » (si l'on ne s'intéresse pas au contexte sociétal d'une époque du passé, la question est absurde). Il s'agit de se demander comment un lecteur d'aujourd'hui peut ne pas l'être en étudiant ces textes.

Certains discours religieux se disent « féministes » dès lors qu'ils sont portés par des femmes, mais en réalité la question de l'autonomie du corps ou de la pensée des femmes ne s'y exprime pas du tout. Par ailleurs, il y a toujours plusieurs temps dans l'accès des femmes au texte et à l'exégèse. Un premier temps où généralement on essaie à tout prix de trouver des justifications dans le texte aux revendications des femmes, comme s'il fallait à tout prix prouver que les sources traditionnelles sont en réalité plus féministes qu'on ne le croit. C'est le temps où l'on cherche dans la parole des sages, des prophètes ou des héros du texte de quoi nourrir la revendication égalitaire. Ensuite vient le temps d'une certaine honnêteté vis-à-vis du texte et du contexte de son écriture, la reconnaissance que ces sources sont chargées du patriarcat de leur temps, qu'elles mettent souvent en scène. On peut alors cesser de « trouver des excuses » au texte ou de le tordre, et engager un vrai travail de lecture critique, non pas contre la tradition mais avec elle, au nom de sa capacité créatrice de sens. Comme si le texte disait : « Aide-moi à dire autre chose que ce qu'on m'a fait dire. Continue à me faire parler. » L'interprétation « infidèle » qui en naît est tout sauf malhonnête. C'est une fidélité au sacré du texte : la reconnaissance qu'il n'a pas fini de parler.

Face à une vision patriarcale du rôle de la femme dans la littérature religieuse, vous pouvez dire : « Jetons le bébé avec l'eau du bain », ces textes sont indéfendables et illisibles pour nous. Ou bien vous pouvez vous demander : que faire de cet héritage littéraire, maintenant que des femmes ont un autre rôle dans la société ? C'est là que les choses deviennent intéressantes. Car se pose alors la question du féminin dans le texte et de ce qu'il raconte plus fondamentalement de la place du vulnérable, de l'impuissant ou de l'outsider – ce qu'ont incarné les femmes dans l'histoire.

JLS

Comment est présenté le féminin dans la Bible et le Talmud ?

DH

Il se trouve que, dans la Bible et dans le Talmud, le féminin vient toujours questionner le système en place et raconter comment il pourrait en être autrement. Les personnages féminins surgissent dans le récit et mettent en garde contre le caractère mortifère de la Loi lorsqu'elle est figée ou suivie à la lettre. C'est le cas de Ruth, de Tamar et de bien d'autres personnages : elles représentent en quelque sorte l'altérité et la vulnérabilité de celui qui n'a pas de pouvoir politique, mais qui peut tout de même changer l'histoire. Elles sont le grain de sable dans la machine, qui retourne et interroge le système. Autrement dit, elles rendent possible l'autocritique du texte et de la Loi. L'individu périphérique du groupe – la femme – questionne le système figé, au nom de la vie. Dans la Bible, l'exemple de Ruth est emblématique : elle est issue du peuple moabite, celui que les Hébreux ne doivent pas fréquenter. Pourtant, c'est parce qu'elle surgit dans le texte et dans la vie de Boaz l'Israélite que la lignée messianique naîtra d'elle. Elle est l'ancêtre du roi David et donc du Messie ; le salut et la rédemption dépendent de ce personnage féminin. C'est l'outsider qui « sauve » le système en le perturbant. Elle représente la transgression de la Loi ou de la coutume, qui permet à la vie de continuer et à l'espoir de renaître. Il en va de même pour le personnage de Tamar : la bru de Judah perturbe l'ordre des choses en contrant la volonté de son beau-père, en se faisant passer pour une autre, pour lui faire d'une certaine manière un enfant dans le dos (et même deux, puisqu'elle accouche de jumeaux…). Grâce à elle, l'histoire continue… et la lignée messianique devient possible.

Dans bien des textes, le féminin vient représenter cette perturbation nécessaire, ce dérangement de l'ordre masculin, c'est-à-dire de la Loi. Et il est passionnant, dans un temps comme le nôtre où certains se replient sur une interprétation stricte et rigide, de penser l'histoire de ce féminin littéraire et de comprendre que la résistance à l'égard des femmes, de leur leadership ou de leur accès au texte a beaucoup à voir avec le refus de la souplesse qu'elles incarnent.

Voilà, entre autres, pourquoi je ne suis pas surprise qu'il y ait une telle résistance dans nos traditions à l'égard de l'érudition féminine et du corps des femmes. Elles représentent l'altérité et la porosité que j'ai déjà évoquées à plusieurs reprises dans mes livres, notamment dans *En tenue d'Ève*[1]. Parce qu'elles sont l'« autre » du système, elles interrogent la capacité de ce dernier à faire de la place. Pour le dire simplement : tant qu'on ne fait pas de place au féminin dans la pensée religieuse, on ne fait de place à aucune autre figure d'altérité. La misogynie religieuse est le premier vivre-ensemble refusé, la première des « pathologies » d'altérité, tout simplement parce que la femme est la première figure de cette altérité.

1. Paris, Grasset, 2013.

JLS

Le judaïsme n'est-il pas servi favorablement par le récit biblique pour ce qui est de la place faite aux femmes ? Le texte met en scène toutes sortes de situations où des femmes s'en tirent bien, où elles ont éventuellement même l'avantage. Bien entendu, il contient aussi beaucoup de situations où elles sont humiliées, en état de dépendance, etc. Mais, d'une certaine manière, ces figures multiples permettent, même si elles sont parfois contradictoires, d'entrevoir les ressources féminines, les facettes du féminin qui mettent du désordre dans la belle ordonnance. En revanche, cela me semble plus difficile pour ce qui est du Coran.

DH

Avant de laisser Rachid répondre, je voudrais repréciser que c'est vrai et faux à la fois. On trouve dans le texte de quoi conforter l'idée de la place intéressante ou glorieuse faite aux femmes – on peut citer tous ces moments où les femmes sauvent l'histoire juive. Selon la tradition, par exemple, les Hébreux ne sortent d'Égypte que grâce aux femmes de cette génération ; ce sont elles qui permettent l'Exode. C'est encore la reine Esther qui sauve le peuple d'une menace d'extermination, et l'on pourrait trouver d'autres exemples de ce type… Mais je pourrais tout aussi bien citer des versets ou des passages du Talmud qui décrivent le féminin comme menaçant ou subversif par nature. Certains « sages » affirment que la voix des femmes est une « nudité », que la place d'une femme ne se trouve qu'à l'intérieur du foyer ou encore qu'il vaut mieux brûler la Torah que de la confier à une femme.

Je veux dire ici qu'on peut tout à la fois montrer – et c'est là qu'est engagée notre responsabilité de lecteur – que la Bible et le Talmud sont formidablement « féministes » *et* furieusement « misogynes ». Il faut aussi situer le temps et le lieu des lectures qui ont été faites avant nous, et toujours encourager une lecture contextuelle : ainsi, est-ce un hasard si les lectures les plus misogynes des textes au Moyen Âge sont faites simultanément par l'Église, qui évince les femmes des universités, et par les interprètes juifs de cette époque ? Déconnecter l'exégèse de son contexte est naïf ou mensonger.

Pour moi, la question n'est donc jamais de savoir si je vais trouver dans le texte un support à mes idées, mais de me demander comment j'engage ma responsabilité et ma bonne foi de lecteur aujourd'hui, sans greffer à tout prix du féminisme sur le Talmud du IIe siècle de notre ère.

Regarder en face des contextes culturels différents

RB

Il faut toujours prendre en compte les sociétés aux différents moments de leur histoire : c'est fondamental pour comprendre les religions, leur genèse, leur développement. C'est l'histoire et le social qui donnent figure au religieux. Je me répète en disant cela, mais il importe d'inverser la donne : tous nos textes fondateurs – juifs, chrétiens et musulmans – sont issus de sociétés patriarcales, et sont porteurs de ce patriarcat et de sa culture. Je ne peux donc pas m'accorder avec le féminisme qui se projette (ou projette ses propres catégories) vers l'arrière en postulant que le texte a été mal lu. Cela voudrait dire, si je regarde la tradition musulmane, que pendant quinze siècles le Coran aurait été mal lu, mais que, heureusement, nous sommes mieux outillés et plus éclairés, et que nous aurions enfin trouvé le fin mot ! On ne peut pas nier ainsi quinze siècles de tradition ! De surcroît, en sélectionnant, au sein du corpus fondateur, des textes à connotation prétendument féministe, les partisans de tels choix partent du principe que la norme – mais laquelle ? celle qui leur convient ? – est dans le texte. De telles interprétations tentent de rechercher l'autorité exclusivement dans un quelconque texte fondateur. Enjoliver le texte avec des vertus contraires au patriarcat n'est pas une garantie de libération et d'égalité. Le « fondamentalisme textuel » perpétue en partie la fiction que le texte fournit les normes, et que nous ne faisons que les « découvrir ». La vérité est que la norme est toujours une construction sociale et historique. Enfin, nombre de lectures « féministes » proposent une autre lecture « clés en main » du texte, et le lecteur (la lectrice) n'a plus grand-chose à travailler et à interpréter. Alors que le texte, en offrant une résistance, ouvre à des sens nouveaux et multiples.

Au lieu d'aborder les textes d'un point de vue féminin ou masculin, il faut d'abord en faire l'histoire, sans outils autres que ceux de la connaissance historique, anthropologique et linguistique. C'est-à-dire reconstituer l'espace et la société dans lesquels ces textes ont vu le jour. Si on part d'une lecture qui se veut féministe, on se prive de toute la « neutralité » et de la rigueur qu'exige une lecture historique critique. Le travail critique n'est pas lié au fait que l'on soit un homme ou une femme…

DH

Non, et d'ailleurs la force de ces textes est que moi, femme lectrice, je peux autant me reconnaître dans Abraham, Moïse, Sarah ou Myriam, qui ne racontent pas seulement l'histoire de leur genre, mais toute l'expérience humaine dans sa complexité.

RB

Attention ! Je ne critique pas certaines « lectures féministes du Coran » parce que je n'aurais pas de sympathies pour les idées féministes ! Il est vrai que le rapport au texte et à la tradition n'est pas simple pour les femmes. Elles sont enclines à magnifier le texte, pour, d'une certaine manière, « sauver Dieu » et le Prophète des accusations de misogynie ou de machisme. Pour ce faire, elles sont amenées à dire que la tradition musulmane n'a pas été forgée par eux, mais par des hommes dont on doit convenir qu'ils ont mal interprété les textes. Aujourd'hui, considèrent-elles, nous serions devenus plus clairvoyants et nous comprendrions mieux le texte coranique que nos prédécesseurs…

Mais j'exprime simplement ce principe : il convient de ne pas projeter nos idées « progressistes », aussi sympathiques et légitimes soient-elles, sur des textes produits en d'autres temps, avec d'autres hommes façonnés par d'autres mentalités ! N'imposons pas nos vues d'aujourd'hui à un Dieu dont la parole s'est exprimée dans le seul langage que les hommes de l'époque de la première énonciation coranique pouvaient comprendre !

JLS

Pouvez-vous donner un exemple de l'attitude que vous récusez ?

RB

Un verset du Coran (4, 34) évoque les conflits possibles entre un homme et son épouse. Le texte indique que l'homme doit essayer de parler avec elle, qu'il lui est permis de l'éloigner du lit conjugal si elle ne revient pas à la « raison » et qu'à la fin, si elle persiste dans sa rébellion à l'égard de son mari, celui-ci pourra la frapper. Certains commentateurs multiplient les contorsions pour dire que le verbe arabe employé, *daraba*, ne voudrait pas dire « frapper », mais signifierait aussi « éloigner », « repousser », ou juste une « petite tape » avec un *siwak* (bois d'araq qui peut servir de brosse à dents) selon certains juristes… D'une certaine manière, ils s'efforcent de « sauver » Dieu et son texte ! Mais ce n'est pas prendre au sérieux le texte coranique. Certes, un tel passage est gênant. L'image de Dieu qu'il renvoie – celle d'un Dieu qui permet de châtier physiquement sa femme – dérange, contrarie. Mais au lieu d'affronter le questionnement qu'un tel discours fait surgir, on essaie de l'étouffer ! Pourtant, la crise qu'il provoque, en nous et en dehors de nous, est précisément ce qui est de nature à nous mettre en route pour le travailler. Seulement, aujourd'hui, le discours religieux dominant fait tout pour contourner la crise et pour préserver la représentation officielle qui est faite du Prophète et de la Révélation. En adoptant ce raisonnement, on ne remet pas en cause le fait qu'il est permis par le Coran de frapper sa femme. Comme si Dieu ne parlait pas dans un langage humain, et que celui-ci n'était pas déjà une interprétation !

DH

Remettre ce raisonnement en cause, ne serait-ce pas admettre que le texte peut être immoral ?

RB

À mon avis, le discours tenu par ces femmes qui se veulent autonomes restera biaisé tant qu'elles ne seront pas passées par l'histoire. Par exemple, les interprètes musulmans modernes, et en particulier les féministes musulmanes, attachent trop d'importance aux quelques versets du Coran qui suggèrent des droits et des devoirs réciproques entre des conjoints inégaux, et ils se hâtent alors de suggérer que le Coran préconise l'égalitarisme comme norme. Il faut, pour accepter cela, feindre d'être aveugle au foisonnement de preuves qui recommandent un patriarcat absolu. Les normes patriarcales promulguées à travers l'histoire par les savants religieux sont en cohérence avec le texte coranique, lequel est simplement révélateur de la situation historique dans laquelle il a été énoncé. Il est peut-être préférable d'entendre le Coran dans sa voix patriarcale, mais de le comprendre avec la sensibilité d'un lecteur d'aujourd'hui immergé dans le processus de la révélation. C'est ce lecteur qui découvre, à travers son histoire, que la justice, l'égalité et l'équité entre les sexes sont une norme pour notre époque, quand le patriarcat ne l'est plus.

DH

Ce que vous dites du verset 4, 34 fait écho chez moi à bien des situations. L'exemple le plus flagrant dans le judaïsme est la bénédiction encore récitée le matin par des juifs orthodoxes. Elle dit : « Bénis sois-tu de ne pas m'avoir fait femme ! » C'est peut-être l'expression d'une gratitude d'avoir échappé à la féminité et ses douleurs, mais elle donne lieu à des lectures apologétiques des plus surprenantes, et là encore contradictoires. Selon certains hommes juifs, par exemple, cette bénédiction leur rappellerait chaque matin qu'ils ne se situent pas au niveau spirituel « extraordinaire » des femmes et qu'ils ont encore beaucoup de marches à gravir pour arriver à l'élévation religieuse qui appartient à toute femme par essence... !

L'argument apologétique est toujours le même : Encenser « l'éternel féminin » permet de mieux enfermer les femmes dans la prison de leur genre et dissimuler élégamment l'oppression du patriarcat. On chante la gloire de la féminité pour verrouiller un peu plus l'expérience des femmes et la restreindre aux sphères du foyer et de la maternité.

Mais il n'est pas sans intérêt de savoir que cette bénédiction pourrait bien être en partie inspirée par des éléments de la sagesse socratique (Socrate remerciait apparemment chaque matin Zeus de ne pas l'avoir fait esclave, barbare ou femme...). Le Talmud énonce une formulation semblable : « Bénis sois-tu, mon Dieu, de ne pas m'avoir fait esclave, non-juif ou femme. »

Pour rendre cette prière acceptable aujourd'hui, certains disent qu'elle a sans doute un sens caché, et que nous serions trop petits ou ignorants pour la comprendre.

D'autres reconnaissent sa misogynie, mais considèrent qu'ils n'ont ni les moyens ni l'autorité nécessaire pour en abandonner la récitation. D'autres encore – c'est le cas de tous les mouvements progressistes du judaïsme – ont purement et simplement retiré cette phrase de leurs livres de prières.

Des femmes maintenues dans l'ignorance

JLS

Qui doit faire le travail ? Y a-t-il une autre solution que l'émancipation des femmes par elles-mêmes ?

DH

Encore faut-il que le système leur permette de le faire ! Mais vous avez raison : la clé est, à mon avis, l'érudition des femmes, l'accès des femmes au savoir. Il faut qu'elles le veuillent, mais surtout qu'elles le puissent. Là réside la grande révolution : tant que les femmes n'auront pas accès au savoir, elles n'auront pas accès au pouvoir. Tant qu'elles sont maintenues dans un système d'ignorance sur les sources, l'étude ou l'histoire, tout leur parvient filtré par la voix d'autres personnes, toutes masculines, qui incarnent l'autorité au sein du groupe. La clé du changement, c'est l'éducation des filles.

JLS

Mais où voyez-vous le lieu essentiel de la domination ? C'est la « femme au foyer », maintenue dans son rôle d'épouse et de mère ?

RB

C'est une problématique complexe, et une femme musulmane serait certainement plus légitime que moi pour en parler ! En tout cas, des femmes donneraient des réponses diverses à cette interrogation. J'observe seulement que, pour un certain nombre d'entre elles, maintenir ce rôle de la « femme au foyer » peut leur permettre de garder une forme de pouvoir. Et c'est bien pourquoi des militantes musulmanes qui se disent féministes prêchent en faveur d'un tel choix. Ces militantes relèvent aussi, généralement, que Dieu a gratifié la femme musulmane beaucoup plus que celle-ci ne le croit, et qu'elle dispose en réalité de beaucoup de pouvoir. Et le fait que le Coran stipule (4, 34) que les hommes doivent prendre en charge les femmes, ne pas aller travailler est selon elles la façon d'honorer la place que Dieu leur a accordée et d'y trouver leur bonheur. Ainsi donc, c'est au nom même du Coran et des textes de la tradition que certaines femmes revendiquent cette place au sein du foyer, dont elles doivent être les gardiennes vertueuses, car ce serait d'elles que dépendent le devenir de l'homme, l'éducation des enfants et même l'avenir de la communauté, puisqu'elles veillent au maintien des préceptes moraux, des liens, etc. Une telle place n'est donc pas vécue ou entendue comme une relégation, mais au contraire comme une responsabilisation valorisante.

JLS

Des femmes s'approprient donc le discours religieux, mais c'est pour mieux justifier le cadre de leur place ancienne, ou le revaloriser, ce qui ne correspond nullement à l'émancipation telle que nous la concevons ou telle que l'ont conçue les modernes. Pouvez-vous préciser « où est l'erreur » ?

RB

Face à la résistance des hommes religieux quant au respect de leurs droits ou de leurs aspirations, des femmes musulmanes, en effet, estimant que le seul langage audible par les hommes est le langage religieux, passent elles aussi par ce référentiel (Coran et tradition) pour ouvrir des lectures émancipatrices du texte. Mais combattre une conception religieuse par une autre risque de s'avérer un combat vain. Car les femmes se heurtent inévitablement à des siècles et des siècles de patriarcat, à des monceaux de textes qui définissent et fixent le domaine des femmes d'une manière qui, majoritairement, ne leur est pas favorable. Sortir du champ religieux, décentrer le regard, me paraît le seul moyen, aujourd'hui, qui puisse fournir de nouvelles perspectives. Certes, en déplaçant la problématique du religieux vers les champs anthropologique, sociologique, historique, etc., de nouveaux conflits peuvent apparaître, des divergences d'interprétation, des questions d'ego, mais le conflit est aussi ce qui fait progresser.

DH

Je me répète peut-être, mais pour moi, les textes « s'ouvrent » quand existe la conscience qu'ils sont certes hantés par l'héritage patriarcal, mais qu'on trouve au cœur même des sources patriarcales une invitation à l'autocritique du système. Des chercheurs comme Daniel Boyarin ont décelé dans le Talmud nombre de ces moments où le récit est comme conscient de ses limites et de ses dérives mortifères. De nombreux extraits de ce texte, commenté par et pour les hommes, mettent ainsi en lumière la menace pesant sur un système qui ne fait pas de place au féminin.

C'est là que la voix du féminin peut s'engouffrer, non pas en proposant une lecture strictement féminine ou féministe des sources mais en ouvrant des possibilités d'interprétation inédites. C'est cela qui m'intéresse : dépasser la première phase de contestation et démontrer que, lorsque les voix des femmes et des hommes participent *ensemble* à l'exégèse, c'est toute la pensée religieuse qui en est enrichie.

JLS

Il faut le reconnaître : ce n'est pas ce qui se dessine dans la phase actuelle. La stratégie d'un certain nombre de femmes, en tout cas en islam, serait plutôt de conquérir du pouvoir dans le système ancien, en accentuant leur rôle de pilier de la tradition pour la famille, la transmission de la coutume… Dans son livre sur le halal que nous avons déjà évoqué[1], Florence Bergeaud-Blackler dit qu'il se transmet largement dans les familles, c'est-à-dire auprès des jeunes, par les femmes, même s'il y a bien sûr d'autres raisons (économiques surtout) à son développement récent.

RB

Dans l'espace privé, en effet, dans celui de la maison, de l'intimité de la famille, les mères musulmanes peuvent avoir un grand pouvoir, et si on ne leur laisse pas de place

1. *Op. cit.*

à la table du pouvoir politique et à la table du pouvoir religieux, en revanche elles ont le droit d'être « reines » chez elles, dans le gouvernement des enfants mais aussi, souvent, dans le gouvernement de leur mari pour ce qui touche à l'organisation quotidienne de la vie familiale. C'est, en tout cas, mon expérience de fils d'une famille marocaine en France, et je sais que cette expérience recouvre celle de beaucoup de familles maghrébines. Il y a là une sorte de « revanche » des mères – et elles savent user de génie pour prendre cette revanche. Car voilà des femmes qui ont eu très souvent une dure enfance et une dure jeunesse, qui n'ont pas toujours choisi – alors qu'elles étaient très jeunes, en général – leur époux, et qui n'ont commencé à devenir « quelqu'un » qu'à partir du moment où elles se sont montrées capables de donner des fils à leur mari (alors que nous savons aujourd'hui que le sexe des enfants dépend de la semence du père et non des ovocytes de la mère !). Devenues mères de garçons, elles ont enfin droit au respect, droit à la parole dans le cadre de la famille. Aussi vont-elles surinvestir affectivement leurs fils, être tentées d'en faire de « petits rois » afin d'être considérées par eux comme absolument indispensables à leur existence. Parfois elles vont jouer les fils contre les pères et contre la société des hommes qui voudraient les exclure du droit à la parole. Souvent elles vont se montrer indulgentes à l'égard de leurs garçons, mais très dures avec leurs filles, reproduisant le modèle qu'elles ont vu pratiquer par leur propre mère.

DH

Quand on maintient les femmes dans l'ignorance et le non-accès au texte, il ne leur reste que leur chasse gardée :

la répétition du modèle. Elles deviennent les gardiennes du temple et de la tradition la plus stricte. On connaît ce phénomène aussi à propos de la pratique de l'excision dans une partie du monde musulman : les femmes s'en emparent comme d'un territoire religieux qui fait d'elles des « expertes ». On voit là jusqu'où peut aller le processus de la soumission volontaire.

RB

On a aussi des prêcheurs qui magnifient la femme et soulignent sa noblesse, sans compter des ouvrages religieux qui présentent le prophète de l'islam comme un féministe avant l'heure ! Ce matériau désormais disponible constitue un levier qui autorise certaines femmes à résister ou à lutter contre les lectures patriarcales… Mais tout cela reste peu convaincant. Je crois qu'il faut aujourd'hui sortir de cette impasse, qui repose sur le précepte : « Hors du Coran, point de salut » ; toute émancipation qui ne s'extirpe pas de l'argument du sacré pour s'imposer est contestable, à mon avis. Il faut changer d'espace de dialogue et de paradigme pour tout bouleverser.

Du reste, l'idée de se libérer de la domination masculine à partir du texte me paraît assez risquée. En effet, cela fait reposer la libération sur une interprétation émancipatrice qui ne peut être que celle d'une petite minorité dans le contexte mondial de l'islam contemporain, où la plupart des musulmans ne sont ni habitués ni – surtout – invités à s'inscrire dans une démarche de libération. Quelque part l'insistance exclusive sur le texte ne peut que servir, en définitive, le projet fondamentaliste. C'est pourquoi, selon moi, le passage par l'histoire et par les sciences humaines se présente comme un des moyens nécessaires pour relativiser un certain passé de représentations aliénantes sur Dieu, sur la religion, sur les femmes… Tant que tout un imaginaire transmis depuis des siècles ne sera pas bouleversé, il sera très difficile, pour les simples croyants, de passer à autre chose.

DH

Je comprends cet argument, mais, à mon avis, les sensibilités sont multiples, et les voies du changement aussi. Tout à l'heure, je disais que le féminin représente dans nos systèmes l'altérité et la porosité : il est important de développer cette conscience dès l'enfance, et par tous les moyens à notre disposition. Je pense aux histoires que nous racontons à nos enfants. Je cite souvent « Peau d'âne » de Perrault, qui est une magnifique illustration de notre problématique. La princesse du conte a pour particularité de n'avoir pas une peau ordinaire, mais une peau transparente. Quand elle quitte son palais, elle doit enfiler la peau d'un autre, d'un âne, une peau qui représente la virilité, pour exister hors du château. Cela transcrit bien une certaine image de la féminité : elle appartient à la sphère de l'intériorité et ne saurait exister hors du château sans se déguiser, car dans la sphère extérieure ou politique elle est mise en danger.

La façon dont nos systèmes de pensée associent le féminin avec du vulnérable et de l'intériorité doit être connue, non pour arrêter de raconter ce conte ou d'autres, mais pour reconnaître que nous en héritons et qu'il est temps de faire du nouveau avec ces matériaux. Il ne faut pas les renier, mais s'en servir pour développer chez les enfants ou les croyants une capacité de lecture critique. C'est une chance que nous donnent la laïcité française et nos traditions bien interprétées : la possibilité de les utiliser comme des outils pour penser contre soi, à partir de son héritage mais avec un point de vue critique, qui n'appauvrit pas la tradition mais au contraire l'enrichit.

Pourquoi le succès du voile ?

RB

Ce que vous dites là me fait penser au voile, dont nous n'avons guère parlé. Dans les discours favorables à son port, il est présenté comme un moyen de se préserver de l'autre, de son regard. On retrouve cette idée de l'intériorité ou du retranchement que vous évoquez, Delphine.

DH

Oui, à bien y réfléchir, le voile, c'est une « peau d'âne » !

RB

Vous faites référence au célèbre conte de Charles Perrault : il ne faudrait pas que certains et surtout certaines en viennent à croire que nous qualifions d'« ânes » les femmes qui, pour de multiples motifs, ont choisi de s'envelopper d'un voile ! Les fondamentalistes aiment à mettre en avant l'image du diamant quand ils parlent de la femme. Sa beauté aurait besoin d'être protégée par un écrin. On peut certes y voir un authentique souci de protection, mais un écrin reste quand même une boîte qui enferme ! Quelques-uns utilisent l'image, elle aussi discutable (et dont il conviendrait de rechercher les soubassements psychanalytiques) des sucettes : celle qui est emballée dans son papier représenterait la femme « couverte », voilée, et la sucette sans papier, celle sur laquelle des mouches se collent, représenterait la femme qui ne l'est pas… Je vous laisse apprécier la délicatesse de la comparaison !

DH

Tout est dit : quand la femme s'aventure à l'extérieur – en l'occurrence quand elle est exposée au-dehors –, c'est tout de suite sale ou repoussant. Si vous me permettez ce jeu de mots, le discours fondamentaliste ne laissera jamais la femme être un sujet propre.

RB

Des hadiths et des penseurs musulmans disent que si l'on voit de la femme ce qui doit rester caché, elle se retrouvera en enfer, où chaque parcelle de sa peau exposée brûlera. Il y a une fixation en effet sur le féminin comme « contamination » : c'est ce dont il faut se protéger, pour manifester l'honorabilité du couple, l'honorabilité du père et de la mère. Une femme passe du statut de « fille de » et de « sœur de » à celui de « femme de » : à aucun moment, elle ne devient un sujet propre pour elle-même. Elle reste complément de nom.

Pourtant, cette dimension de domination, qui est perceptible dans ce discours masculin qui fait la promotion du voile dit « islamique » (alors que c'est un voile qui trouve son origine dans les cultures du Proche-Orient préislamique), ne dissuade pas pour autant des femmes de tous âges de le porter. Elles allèguent diverses raisons, où le besoin de pudeur ou encore le désir d'être agréables à Dieu arrivent en première position. Dans notre société, des filles portent le voile contre le gré de leurs parents. Elles disent : « C'est mon choix », et par cette affirmation identitaire, elles expriment hautement leur « je ». Cela leur permet aussi de revendiquer une existence sociale au sein d'une République qui, souvent, se montre incapable de leur faire une place honorable. D'ailleurs, à chaque nouvelle polémique publique, on voit le nombre de femmes voilées augmenter ! À mon avis, cesser tous ces débats sur les voiles, les burkinis, les djellabas, les kamiss et autres étoffes prétendument islamiques serait la meilleure des choses, car plus on dénoncera leur emploi, plus on stigmatisera celles et ceux qui les portent, et plus cela fera le jeu des groupes qui œuvrent à une surislamisation des musulmans. Autrement dit, le voile est devenu le support d'une bataille sociologique et politique qui se nourrit des positions extrêmes : revenir à un discours moins hystérique, plus rationnel, le viderait de l'importance qu'il a prise ces dernières années. En devenant banal, par définition il cessera d'exister, et le devenir des musulmans de France ne dépendra plus de ces faux-semblants ou de ces paravents.

DH

Pour moi, derrière ces attitudes, à première vue surprenantes, se pose une question essentielle : comment une femme devient-elle pleinement sujet au sein d'une tradition religieuse ?

La problématique qui se rapproche le plus de celle du voile dans la tradition juive est celle du bain rituel, le *mikvé*. Le bain dans lequel les femmes pratiquantes s'immergent une fois par mois repose sur l'idée de « purification ». Cette notion complexe d'impureté du corps donne parfois lieu à des interprétations fallacieuses ou à des lectures très nauséabondes et misogynes de la pratique du bain rituel. Pour reprendre l'image de la sucette, selon certains mauvais lecteurs, la femme aurait besoin de se purifier de quelque chose qui adhère à son corps de femme, c'est-à-dire de quelque chose de sale ou de contaminant que le féminin incarnerait. Ce rite a longtemps représenté le contrôle des hommes sur le corps des femmes. Pour cette raison, beaucoup de féministes juives ont dit qu'elles ne voulaient plus fréquenter le *mikvé*, car il était pour elles le symbole de l'oppression des femmes au sein de la tradition religieuse.

Paradoxalement pourtant, ces dernières années, la seconde phase de cette révolution féministe en matière religieuse a vu des femmes se réapproprier ce rite en le nourrissant d'exégèses renouvelées et inspirées par les textes, en y greffant des sens nouveaux, telle une ritualisation spirituelle de leur rapport à leur corps, à leur cycle, une conscience du temps qui passe. Elles ont « respiritualisé » cette pratique, qui est devenue quasiment féministe, dans la mesure où elle rend son corps à la femme, qui parle de contrôle retrouvé sur son corps et sur son cycle.

Une telle révolution pourrait-elle avoir lieu avec le voile dans l'islam ? Est-ce qu'il pourrait y avoir une vraie lecture critique de ce rite, une interrogation sur ce dont il est chargé par le discours patriarcal, pour que des femmes, via le savoir, puissent se le réapproprier autrement ?

RB

Quelques-unes le font et se réapproprient le voile en l'assumant comme le choix d'un sujet libre. C'est en tout cas le discours qu'on entend de leur part. Elles disent qu'elles ne sont plus « la fille de », qu'elles peuvent se marier avec qui elles veulent, que leur père n'a plus le pouvoir de décider pour elles. Disent-elles vrai ? Seul, à la limite, un récit de leur expérience pourrait le montrer.

JLS

Ce faisant, elles répondent aussi aux accusations des femmes éclairées françaises qui répètent qu'elles sont victimes de leur père, de leur fratrie et plus généralement des hommes. Des femmes musulmanes, certaines universitaires, répliquent à ces accusations et, dans les médias, affirment que ce choix du voile est le leur. En ce sens, comme vous l'avancez, c'est bien une affirmation de la subjectivité. Mais cela devrait s'accompagner d'une vraie critique, de l'intérieur, du système religieux. Comme le disait Delphine, ce n'est hélas en général pas le cas. Il faudrait, au fond, qu'elles soient capables d'expliquer que le voile est important, mais qu'elles sont assez libres pour s'en priver dans le contexte actuel… Je ne veux pas donner de leçon, car cela vaut bien au-delà du voile dans chacune de nos religions.

RB

Oui, et d'ailleurs le phénomène de dévoilement existe aussi. Le problème du voile, c'est qu'il est devenu identitaire – alors qu'il ne l'a pas toujours été, loin de là. L'identitaire passe aujourd'hui par l'alimentaire et le vestimentaire, qui sont devenus deux lieux importants de crispation. Or, quand le religieux devient identitaire, toute critique devient une atteinte à l'identité de ceux qui le vivent sur ce mode !

JLS

Oui, et l'on passe à l'extrême exagération de la *burqa*, qui est tout de même, me semble-t-il, une forme de provocation, même pour quiconque est favorable à une grande liberté religieuse.

DH

C'est ce qui fait « peau » intégrale, barrage et frontière.

RB

Une jeune fille me disait que c'était son droit de se dérober au regard des autres grâce à la burqa, et elle a mis ce droit en scène. Celles qui se pensent « libres » et « devenues elles-mêmes » en se voilant totalement, sont-elles aussi « libres » et « elles-mêmes » qu'elles le prétendent ? Qu'est-ce qui les a amenées à cette forme maximale de rupture avec le monde environnant ?

C'est l'exemple typique de la liberté prise dans son acception la plus libérale ou extrême : puisque je suis libre, je revendique et pratique mon droit de me dérober aux regards. C'est philosophiquement très intéressant et fécond de réfléchir à ce paradoxe de l'affirmation de soi par l'effacement en public, voire la « servitude ». On s'affirme par ce qui peut exacerber le rejet de l'autre, qui ne peut plus nous saisir. En réalité, cette fille disparaît aux regards en tant qu'individu, mais existe politiquement par sa tenue.

DH

On marche sur la tête en posant cette question : un être, homme ou femme, a-t-il le droit de ne plus avoir de visage, c'est-à-dire de renoncer au lieu d'expression de son droit ?

RB

Nous sommes coincés. Car les principes démocratiques affirment que chacun doit avoir la liberté de s'habiller, de manger, de se soigner comment il l'entend, dès lors qu'il ne porte pas atteinte à la pudeur publique, à sa santé ou à la santé d'autrui. La seule solution qui a été trouvée en France pour interdire le voile intégral et la burqa (mais aussi le casque intégral pour les motards quand ils ne sont pas sur leur moto) a été de dire que, pour des raisons notamment de sécurité, toute personne doit être identifiable dans l'espace public, donc que son visage ne peut pas être totalement couvert.

Chapitre 6

Filiation et transmission

JLS

On a beaucoup parlé de filiation en 2012-2013, lors des débats autour du mariage pour tous, et encore maintenant, à propos de la PMA (procréation médicalement assistée) et de la GPA (grossesse pour autrui). Comme vous le savez, les religions sont globalement en pointe dans l'opposition à de nouvelles lois autorisant ou élargissant ces pratiques. Comment comprenez-vous ce refus ? Pourquoi la filiation est-elle si importante ? Que disent la tradition juive et la tradition musulmane à ce sujet ?

La filiation dans le judaïsme

DH

Dans la tradition juive, quand on nomme un enfant qui vient de naître, on dit toujours qu'il est Untel, fils ou fille d'Untel. On ne conçoit pas de lui offrir un nom sans le placer dans l'ordre de sa filiation et sans définir exactement d'où il vient. Pourtant – et c'est important de le noter –, les héros de la Bible sont souvent ceux qui ont partiellement rompu avec leurs propres parents. Le cas d'Abraham est l'exemple le plus classique : il est Abraham à la fois parce qu'il est le fils de son père et parce qu'il est parti de la maison de son père. La rupture fonde son identité : il vient de quelque part (Ur en Chaldée), mais il n'y retourne pas. On le voit aussi à propos de l'exode d'Égypte : le peuple quitte cette matrice, et ce décrochage fonde son identité.

Tel est peut-être l'équilibre subtil de la filiation : nous sommes ce que nous sommes à cause de l'histoire passée et des parents que nous avons eus, et en même temps, parce que nous nous en sommes coupés partiellement et que quelque chose en nous ne s'est pas reproduit à l'identique.

JLS

Mais celui qui pratique cette coupure a bien une identité ?

DH

C'est quelque chose qui me passionne : l'idée d'une identité fondée sur la non-identité à ses origines. Voilà qui est contre-intuitif par rapport à la perception habituelle d'une identité religieuse comme transmission d'un modèle, exactement répliqué de génération en génération. Face à ce fantasme de la duplication se développe un autre discours dans nos sociétés individualistes : l'illusion d'une rupture d'héritage et l'idée qu'on pourrait s'inventer quasiment *ex nihilo*, naître de rien, ou – pour reprendre une expression qui a connu un certain succès dans la sphère politique – faire du « dégagisme » avec les repères du passé.

JLS

Le « dégagisme » serait donc le rêve d'en venir enfin, en politique aussi, à une nouveauté absolue, un départ vierge du passé encombrant ?

DH

Oui, en tout cas sans rien devoir aux repères d'hier, aux histoires et aux familles d'avant. Pourtant, la vérité n'est ni ici ni là : la répétition à l'identique et le déni d'héritage sont plutôt deux expressions d'une même radicalité. Dans mon dernier livre[1], j'avais écrit cette phrase : « Il faut appartenir pour pouvoir "à part tenir". » C'est vraiment la définition de ce que peut être, à mon sens, une appartenance religieuse non mortifère.

La généalogie en islam

RB

Le mot « filiation » me fait d'abord penser à la question de la temporalité, du temps qui passe, donc aux générations qui se suivent. Il n'y a pas de filiation hors du temps. La question de Delphine : comment peut-il y avoir de la continuité et en même temps de la rupture ? est ici capitale. Car la filiation s'articule dans cette tension-là.

Dans le Coran, la question de la généalogie est primordiale. Muhammad est orphelin de père et de mère et, selon ce qui est rapporté par la tradition, il est pris en

1. *Comment les rabbins font des enfants*, *op. cit.*

charge par les siens : son grand-père paternel puis un oncle paternel. Quand il commence à énoncer les nouvelles idées dont il est porteur, celles-ci apparaissent comme une innovation par rapport au legs des ancêtres et à la tradition. Il va être considéré comme un perturbateur, car il s'oppose à la tradition des pères de la tribu, ce qui était considéré comme une rupture d'alliance aussi bien avec la tribu qu'avec ses divinités protectrices. Devenu « sans famille » (ou presque), Muhammad va trouver place dans une nouvelle « famille » : celle des prophètes, des « envoyés de Dieu ». Le Coran l'inscrit dans la succession des grandes figures prophétiques bibliques, avec lesquelles nombre de comparaisons sont faites. Par bien des points, il correspond à ce qu'ont été Abraham, Moïse, Joseph fils de Jacob et Jésus. En même temps, il n'est pas leur « clone », de même qu'aucun d'eux n'a été le clone des autres. Il proclame un même message essentiel, mais avec son épaisseur humaine propre, son héritage culturel distinct, sa singularité. Il revit des expériences faites par ses illustres prédécesseurs, et en même temps il en vit d'autres, se positionne autrement.

Finalement, la question qui se pose à nous est celle-ci : pour autant que nous soyons capables de retrouver la tradition des origines, faut-il la reproduire à l'identique ? Pouvons-nous oublier que nous sommes héritiers d'hommes et de prophètes qui, en leur temps, sont entrés en rupture ?

JLS

Je crois que vous avez déjà formulé la réponse à cette question…

RB

En effet. Aujourd'hui, on peut craindre que les lecteurs du Coran se montrent incapables de ce geste subversif d'arrachement, incapables d'entrer en rupture avec la tradition de leurs pères. Pour la plupart, manifestement, être authentique c'est faire pareil ! Une telle attitude n'est pourtant en rien dans l'esprit de la tradition, qui était passage, innovation. Nous en avons déjà parlé : au cœur d'un monde très mouvant, on voudrait revenir à une origine figée dans sa permanence – de surcroît une origine conforme à ce qu'on imagine qu'elle était ! Mais ce n'est que le fantasme des origines. Se situer dans une filiation suppose de reconnaître que l'on est endetté, mais aussi d'aller au-delà de cette dette, quitte à la trahir. Il n'y a pas de filiation sans trahison ! C'est cette trahison, cette invention dans la fidélité-infidélité qui permet au texte de nous parler encore.

DH

Cela me fait penser à une blague juive – c'est fou comme on peine à parler sérieusement sans blague ! C'est l'histoire d'un vieux rabbin très aimé à qui l'on cherche un successeur. On demande à son fils de le remplacer. Mais systématiquement, à chaque fois qu'il est consulté, ce fils dit noir là où son père disait blanc, et inversement. Au bout d'un moment, les gens du village n'en peuvent plus : « Nous t'avons demandé de succéder à ton père, mais tu n'es jamais d'accord avec lui sur rien. » Et le fils de répondre : « Je suis exactement comme mon père. Il n'imitait personne et moi non plus ! » Il arrive que nos traditions se résument à la capacité d'arriver à des conclusions très différentes au nom d'un même principe !

L'idée d'origine que Rachid a soulevée m'intéresse particulièrement. Que faisons-nous de nos origines ? Dans le judaïsme, nous rappelons toujours qu'à l'origine nous étions des idolâtres. Nous répétons qu'au départ nos ancêtres étaient idolâtres en Chaldée, puis esclaves en Égypte, puis séduits par les pratiques des Cananéens... avant qu'ils ne prennent leurs distances d'avec ce monde environnant. Ce récit est celui d'une coupure par rapport à ceux dont nous nous sommes éloignés. Les trois religions monothéistes font, chacune à leur manière, la même chose : elles racontent leur sortie du monde d'avant. Mais peut-être que les choses sont plus compliquées pour l'islam... ?

Comment se raconter cette coupure par rapport aux peuplades ou aux cultures environnantes quand certaines sont toujours là, bien présentes. Je m'explique : le judaïsme peut dénoncer avec virulence l'erreur de l'idolâtrie, l'égarement des Cananéens ou la faute des Moabites... Cela « ne mange pas de pain », car ces peuplades bibliques ont disparu. Mais je trouve bien plus compliqué, dans le cas de l'islam, de dire qu'on s'est coupé de « l'erreur des autres » (quand ces autres sont par exemple les juifs et les chrétiens, tels que le Coran les décrit), car ils sont toujours là et leurs descendants vivent à nos côtés. Que faire avec la rupture des origines quand celui duquel je me suis coupé existe toujours et partage mon monde ? C'est un défi complexe, non ?

RB

Avec qui Muhammad va-t-il rentrer en rupture ? D'abord avec les gens de son clan, de sa tribu, de sa cité qui – à l'exception de son cousin Ali ibn Abu Talib – ont refusé d'entendre sa prédication et de le suivre. Dans un premier temps – et ce temps demeure essentiel –, c'est avec les divinités et les pratiques religieuses de sa famille et de sa tribu qu'il rompt (et donc avec tout un système de pensée et tout un ordre social). C'est d'eux qu'il se désolidarise, ce qui va finir par provoquer, après la mort de son épouse Khadija et de son oncle Abu Talib – ses protecteurs –, son expulsion de sa tribu et de sa ville.

Bien plus tard, quand il se retrouvera à Yathrib-Médine, il rompra avec les juifs de cette ville-oasis, non pas pour des raisons religieuses, théologiques ou de doctrine, mais bien plutôt au sujet de la conduite à tenir face aux adversaires mecquois. Les juifs médinois sont accusés d'avoir pactisé avec ces ennemis, donc d'avoir rompu l'alliance. La polémique dont le Coran rend compte porte alors sur la non-fidélité de ces juifs. Dès lors que les juifs médinois ont retiré leur alliance au Prophète et l'ont disqualifié, qu'ils ne le reconnaissent pas, notamment, dans son statut de prophète, le Coran les disqualifie à leur tour. Que leur reproche-t-il ? De ne pas se montrer fidèles à leurs prophètes, à Abraham, à Jacob, à Moïse, car s'ils l'étaient, eh bien ils suivraient Muhammad. Et par rapport à eux qui ne cessent de se réclamer de la postérité de Moïse, Muhammad, fort du message coranique qui lui est révélé, va se prévaloir d'une postérité antérieure, plus prestigieuse encore : celle d'Abraham.

Aujourd'hui, beaucoup sont enclins à faire une lecture religieuse, théologique, donc essentialiste, de ce divorce entre les juifs de Médine et le Prophète. Beaucoup se satisfont d'y lire une condamnation définitive des juifs en tant que peuple et en tant qu'adeptes d'une religion autre que l'islam – lecture très présente dans tout le monde musulman contemporain, particulièrement dans le monde arabe, car les condamnations coraniques à l'égard des juifs de Médine trouvent une résonance et une amplification dans le conflit israélo-palestinien. Mais une telle lecture constitue un anachronisme. Au moment où le conflit se produit entre les juifs de Médine et Muhammad, ce dernier *ne peut pas* réfléchir (et le Coran pas davantage) en termes d'opposition théologique entre deux religions. À ce moment-là, en effet, l'islam n'est pas une religion instituée dont le corpus textuel et la doctrine seraient déjà clos. La rupture théologique aura lieu bien plus tard, avec le développement des Empires omeyyade et abbasside. Et encore ! Quand le calife Omar s'empare de Jérusalem en 637, les juifs de cette cité, maltraités depuis trois siècles par les chrétiens, l'accueillent en libérateur, et les conquérants arabes vont favoriser la réinstallation de ceux que le Coran mecquois appelle la plupart du temps les *banu Israël*, les « fils d'Israël ». Nulle trace, dans le Coran, d'une volonté de convertir les juifs à une nouvelle foi ! Nulle idée – absolument impensable à cette période ! – de les forcer à adopter une autre foi que la leur. En revanche, il leur est reproché d'avoir été infidèles à une alliance politique et morale !

DH

On fait donc comme si les conflits d'aujourd'hui rejouaient précisément ceux d'hier, comme si le contexte et les acteurs étaient les mêmes, dans un déni de contextualisation historique ou littéraire ?

RB

Absolument.

DH

Et comment Muhammad devient-il un héritier ?

RB

De quelle filiation et de quel héritage pouvait se revendiquer Muhammad ? La tradition musulmane rapporte qu'il était le fils d'Abdallah ibn Abd el Mouttalib, du clan des banû Hâchim de la tribu des Quraïsh, lequel serait mort juste avant sa naissance, et d'Amina bint Wahb, qui meurt quand le futur prophète a six ans. Le clan des banû Hâchim aurait eu longtemps la préséance chez les Quraïsh avant de la perdre. Au moment de la naissance de Muhammad, il aurait eu en charge l'entretien du sanctuaire de la Kaaba. D'autres traditions arabes anciennes contestent cette filiation, mais elles ne sont pas retenues. Ce statut d'orphelin fera de Muhammad un personnage de statut social inférieur au sein de son clan et de sa tribu, un obligé de ceux qui l'ont recueilli et qui ont pourvu à son éducation selon les règles alors en vigueur à La Mecque. Il ne lui est alors pas permis de se revendiquer d'une ascendance qu'il pourrait présenter comme plus ou moins prestigieuse. Après la mort du Prophète, l'islam en cours de construction théologique lui trouvera une ascendance prestigieuse : on le déclarera descendant direct d'Abraham par son fils Ismaël, mais de cela le Prophète ne put faire état de son vivant.

De surcroît, dans les débuts de sa mission de prophète, Muhammad est présenté par la tradition comme un croyant monothéiste abrahamique malgré le paganisme des gens de sa famille. Mais son grand-père Abd el Mouttalib et son oncle Abu Talib étaient des païens.

Comment, en tant que prophète du seul vrai Dieu, assumer une ascendance païenne ? Toutes ces circonstances ont concouru à ce que Muhammad éprouve sa filiation comme problématique. Mais sa vocation et sa mission de prophète vont l'inscrire dans une autre généalogie, qui sera présentée comme supérieure à la généalogie familiale : celle des prophètes envoyés par Dieu au cours des temps, la généalogie des grandes figures bibliques. D'ailleurs, à chaque fois que sont mis en scène, dans le Coran, des personnages de la Bible – d'Adam à Jean-Baptiste et Jésus, en passant par Noé, Abraham, Joseph fils de Jacob, Moïse ou David –, leur histoire se présente comme une sorte de préfiguration de ce que Muhammad sera amené à vivre et à subir. Par exemple, il nous est dit (Coran 9, 113-114) qu'Abraham lui-même a eu à s'inquiéter de son père resté idolâtre ! L'histoire musulmane des prophètes bibliques rapporte aussi qu'Abraham a été lui-même orphelin de père à l'âge de treize ans, et qu'il a été recueilli par un oncle.

Tout semble se conjuguer, dans l'histoire du Prophète, pour qu'il échappe à une généalogie de sang au profit d'une autre généalogie : celle des envoyés de Dieu. Outre son défaut d'origine, Muhammad est un homme qui n'aura pas de fils qui lui survivront, ce qui est tout à fait déroutant dans le cadre de cette culture patriarcale où avoir des fils est essentiel, à la fois pour mériter le respect et pouvoir « se survivre » après sa mort. Selon la tradition – et, en cette matière, il n'y a pas lieu de croire qu'il s'agit d'une construction, tellement c'était et cela reste choquant aujourd'hui –, Muhammad n'aurait eu qu'un fils, Ibrahim, d'une épouse ou d'une concubine copte prénommée Myriam. Mais celui-ci serait mort autour de l'âge de trois ans. Cette absence de fils de Muhammad est raillée par ses adversaires, et le Coran s'en fait le témoin (108, 3) : le Prophète est un « châtré », un « eunuque », ce qui, dans cette culture – et encore dans les nôtres ! –, représente une insulte humiliante et insupportable. La tradition musulmane – la tradition chiite plus encore que la tradition sunnite – se rassurera avec les deux fils que la fille chérie de Muhammad, Fatima, a eus avec son mari Ali ibn Abu Talib, jeune cousin du Prophète : Hassan et Hussein.

Mais tout cela semble indiquer aussi que l'objet de la révélation coranique est de faire comprendre que, désormais, ce n'est plus la famille ni la tribu qui comptent : c'est l'adhésion au seul vrai Dieu. Muhammad s'inscrit dans la longue lignée des amis et des envoyés de Dieu : voilà sa fierté, sa véritable noblesse. Et sa véritable descendance, ce sont ceux qui font la volonté d'Allah. Ici, un parallèle peut être fait facilement avec le Jésus des Évangiles qui déclare à ses disciples : « Quiconque fait la volonté de Dieu, celui-là est mon frère et ma sœur » (Marc 3, 35).

JLS

J'ai l'impression que le mot « rupture » n'est pas le plus adéquat, car vous insistez quand même tous les deux sur une sorte de continuité.

RB

Il y a en effet rupture et continuité ! Passer d'un univers magique polythéiste à l'idée monothéiste : voilà une vraie rupture, un profond bouleversement mental proposé aux siens. Mais Muhammad ne sort pas complètement de son univers de représentation. Il ne change pas radicalement d'anthropologie. Ce qu'il propose, à sa tribu d'abord, puis aux autres tribus de la péninsule, c'est, finalement, de changer d'allié. Il les appelle à délaisser leurs idoles avec cet argument : « Votre véritable allié, celui qui vous protège, vous donne des enfants, etc., c'est ce Dieu du Ciel et de la Terre. »

Mères juives et mères musulmanes

JLS

Est-ce que l'on pourrait évoquer les différents rôles de la famille ? Car il y a des pères, des fils, des mères, des filles…

DH

Pas énormément de filles !

JLS

D'accord, mais on sait bien, par exemple, que l'avis des mères, en tout cas aujourd'hui, est considérable. Mais dans les textes elles semblent absentes.

DH

Les mères sont présentes mais agissent souvent dans l'ombre, par ruse ou en manipulant, car elles n'ont pas d'outils politiques pour faire autrement. Cependant, au sujet des mères, un phénomène a retenu mon attention dans la Bible, et j'en parle dans mon dernier livre[1] : presque partout où surgit la violence des personnages dans le texte, ceux-ci ont en commun d'avoir une mère

1. *Comment les rabbins font des enfants*, *op. cit*.

que l'on n'a pas reconnue, ou pas écoutée. C'est vrai de tous les protagonistes les plus violents de la Bible : de Caïn l'assassin à Ismaël, qui est décrit comme un homme très agressif, en passant par Simon et Lévi qui assassinent tous les habitants d'une ville… Leurs mères sont chacune condamnées au mutisme ou à l'effacement : Ève est réduite au silence, Agar est renvoyée dans le désert et Léa est presque transparente aux yeux de son époux.

Lorsque les femmes sont réduites au silence, on assiste étrangement à une éruption de violence à la génération suivante. On peut y voir une sorte de mise en garde sur l'absence du féminin, comme un écho biblique aux *Mille et Une Nuits* : si la femme ne raconte pas son récit, si Shéhérazade ne parle pas, le bain de sang continuera.

RB

Dans le Coran, une seule femme est nommée par son nom : Maryam, mère de Jésus. Il y a même une sourate – la sourate 19 – qui a pour titre son nom. Les autres femmes qui sont évoquées sont désignées uniquement par leur lien de parenté ou par leur statut politique : épouse d'Adam, femme d'Abraham, filles de Loth, femme de Pharaon, reine de Saba, femme d'Imran, femme de Zacharie, épouses du prophète Muhammad… Parmi elles, très peu prennent la parole. Cela prouve à quel point le Coran reste en phase avec son milieu de première énonciation, milieu où la parole – en tout cas celle qui est rendue publique – passe par le masculin.

La tradition musulmane va s'efforcer, par la suite, de combler, d'une certaine façon, cette grande discrétion et ce silence des femmes sur la « scène » coranique. Les figures de Khadija, la première épouse du Prophète et la mère de ses filles, de Fatima sa fille, d'Aïcha – qui était la fille d'Abû Bakr, le premier compagnon du Prophète – vont être magnifiées. La tradition va, en particulier, faire entendre la voix d'Aïcha – qui aurait conservé des morceaux de la révélation coranique qui n'auraient pas été pris en compte par les collecteurs –, pour ce qui est de la transmission de hadiths. Comme s'il y avait la conscience que des visages et des voix de femmes sont indispensables à la vie d'une religion, à la vie des croyants ; que seuls ces visages de mères, de filles, d'épouses peuvent apporter un « rééquilibrage », de la douceur au moins, à la façon d'être au monde des hommes, à la dureté et à la violence des hommes.

DH

Oui, nos textes semblent nous mettre en garde : le mutisme du féminin peut avoir des répercussions mortifères terribles. Quand ces femmes bâillonnées voient naître leur premier fils, il est comme surchargé de leurs douleurs ; il est comme un agent de réparation d'une injustice dont elles sont victimes. Pèse alors sur les épaules du premier enfant mâle quelque chose d'énorme : le poids insoutenable d'une douleur muette. Il est comme parasité par cette douleur maternelle.

RB

Dans la plupart des sociétés traditionnelles du monde – et c'est encore vrai aujourd'hui –, les rôles féminin et masculin sont strictement répartis, et d'une façon assez semblable, quelles que soient les cultures. Ainsi les femmes sont davantage tournées vers l'« intérieur » (l'intérieur de la maison comme leur propre intériorité), et les hommes orientés vers l'« extérieur » (l'extérieur de la scène publique, mais aussi l'extériorisation de leurs opinions et passions). Le pouvoir politique, mais aussi le pouvoir économique, le pouvoir religieux, appartenant davantage à l'« extérieur », il n'est rien d'étonnant à ce que, durant des siècles et jusqu'à nos jours, les hommes se les soient majoritairement appropriés. La pensée freudienne donnera à cela des explications liées aux caractères propres de l'identité sexuelle des unes et des autres, mais peu importe. Dans l'éducation, la mère a pour devoir d'inculquer aux enfants toute la part non verbale (les attitudes, les interdits...), tandis que le père, lui, initie ses fils à la prise de parole, et notamment à la prise de parole religieuse. Tel était le modèle de la société tribale de La Mecque et de Médine au temps de Muhammad, tel reste le modèle dominant dans les sociétés majoritairement musulmanes contemporaines, et même au sein de nombre de familles musulmanes transplantées dans d'autres univers culturels, en particulier en Occident, où s'est opérée plus rapidement qu'ailleurs une rupture avec cette stricte répartition des sexes. Tout le monde le sait : la doctrine wahhabite diffusée depuis l'Arabie saoudite dans le monde entier depuis quarante ans grâce aux pétrodollars véhicule plus que d'autres courants ce modèle traditionnel où la femme n'a aucune place dans l'espace public, n'a pas droit à une parole publique, est considérée comme un être mineur qui a toujours besoin d'être sous la tutelle des hommes de sa famille. Les Frères musulmans, en revanche, malgré leur excès de puritanisme et leur souci qu'il n'y ait pas de confusion entre les principaux rôles masculin et féminin dans l'univers de la famille, ont opéré une rupture avec ce modèle traditionnel, ce qui interdit les discours globalisants et essentialistes selon lesquels « en islam le statut de la femme est ceci et pas cela... ».

Je ne vous surprendrai pas en vous disant que, pour moi, la polyphonie des voix masculines et féminines me paraît essentielle au bon fonctionnement de notre humanité, et donc de nos religions ! Quand le féminin est mis de côté, c'est aussi l'écoute – si importante dans la Révélation – qui est incomplète.

DH

Cette écoute est appauvrie quand l'autre qu'est la femme ne participe pas au débat. J'en vois l'illustration concrète aujourd'hui au sein des cercles d'étude où se mêlent les voix des hommes et des femmes. De plus en plus d'hommes et de femmes lisent le Talmud ensemble dans le monde juif progressiste : cela change tout, y compris pour les hommes qui lisent le texte. Non pas que les femmes apportent nécessairement des lectures différentes ; mais du fait de leur présence, tout le monde parle et s'écoute différemment. Le « je » de l'interprétation en est complètement modifié.

JLS

Une dernière question, pour prolonger ces considérations « familiales » : vous êtes juive, vous êtes musulman, je suis chrétien. La contingence de chacune de nos origines vous a-t-elle traversés ? Nous ne sommes pas bouddhistes, ni animistes, ni d'une autre tradition, mais « monothéistes »…

RB

Je reprendrai cette citation du philosophe Paul Ricœur quand on lui a demandé de définir son protestantisme :

« Un hasard transformé en destin par un choix continu. » Je suis né, sans l'avoir choisi, dans une famille musulmane. Je décide d'en faire un destin, mais ce destin – le fait de rester dans cette « voie » – constitue un choix de tous les jours.

JLS

Malgré cela, vous insistez sur cette idée de dette, aujourd'hui, par rapport à notre origine.

RB

Oui : une dette au sens fondamental du terme, c'est-à-dire une obligation. L'obligation à aller beaucoup plus loin, à ne pas répéter, à prendre le risque de l'interprétation permanente en rapport avec les évolutions du monde. Une obligation à cette « fidélité-infidélité » que j'ai déjà évoquée et qui, me semble-t-il, est la caractéristique de toute histoire religieuse. Qui ne veut rien risquer répète ce qu'il a toujours cru comprendre et ne fait rien avancer !

JLS

Au fond, la pire des choses serait presque de dire que j'ai reçu un trésor qui m'appartient, que je dois garder dans un coffre, que je ne fais pas fructifier et avec lequel je n'innove en rien – un bien qui « dort » par conséquent.

DH

C'est la célèbre « parabole des talents » du texte des Évangiles, ce récit de la tradition chrétienne qui le raconte magnifiquement : un homme confie quelques pièces à chacun de ses serviteurs. L'un les enterre pour ne surtout pas les perdre, et l'autre les fait fructifier à la plus grande satisfaction de celui qui lui a confié ce trésor. On pourrait dire les choses encore autrement : interpréter condamne à marcher sur le fil du rasoir toute sa vie, c'est-à-dire à prendre des risques avec le trésor qui nous a été confié. Souvent, cela implique de se trouver sur une ligne de crête, au bord d'un précipice.

Ce « hasard (de la naissance) devenu un destin » qu'on fait fructifier, qu'on travaille et qu'on choisit tout au long de sa vie, pose la question de la conversion. Le judaïsme n'est pas prosélyte. Lorsque j'accompagne des gens qui ont choisi de se convertir et de devenir juifs, j'essaie toujours de comprendre pourquoi ils engagent une telle démarche. Pourquoi renoncent-ils à trouver leur chemin dans la maison spirituelle de leur naissance ? Pourquoi sont-ils si convaincus que dans cette maison d'origine il n'y a pas de voie pour eux ? Qu'est-ce qui leur fait croire que le judaïsme aurait quelque chose à leur offrir que leur tradition de naissance ne leur permettrait pas de vivre ? Le judaïsme ne considère pas qu'il est en possession de *la* Vérité. Dès lors, choisir de le rejoindre n'est pas anodin.

RB

Paul Ricœur considère les religions comme des langues. Une manière d'habiter le monde. Cela veut dire qu'aucune langue ne peut saisir la totalité du réel. J'ai besoin des autres langues pour agrandir ma sensibilité du réel. À un moment de l'histoire, une langue vous parle plus fort et plus juste que les autres, et vous êtes amené à vous en saisir, à lui offrir l'hospitalité. Une « hospitalité langagière » prend corps, et vous finissez par vous dire que cette langue est désormais vôtre.

DH

C'est beau, mais à condition de ne pas s'imaginer que sa langue d'origine est mauvaise par essence ou erronée. Pour reprendre la métaphore des langues, on peut dire qu'on est plus à l'aise pour s'exprimer en anglais ou en espagnol, mais on ne peut pas dire que l'une de ces langues l'emporte sur une autre pour exprimer le sens du monde, de la vie, de Dieu… Là aussi, le discours de certains leaders religieux est coupable lorsque ceux-ci suggèrent que leur tradition possède un trésor plus précieux que la tradition voisine. L'autre serait dans le noir ou le gris, et nous, nous aurions la lumière ; l'autre bégaierait, et nous aurions une élocution parfaite.

Chapitre 7

Vérité, violence et Dieu exclusif

JLS

Le hasard de la naissance, dont nous venons de parler, me suggère un autre questionnement. Delphine l'a anticipé en disant que « le judaïsme ne considère pas qu'il est en possession de la Vérité unique ». Mais aujourd'hui, le hasard de la naissance ne nous oblige-t-il pas tous à renoncer à l'idée que l'un de nous posséderait la Vérité ? Ne sommes-nous pas « condamnés » à relativiser notre vérité ?

RB

Comme je l'ai déjà dit, l'idée de « vérité », assez abstraite – comme les principes d'identité et de non-contradiction qui l'accompagnent –, nous vient de la Grèce antique, de la pensée conceptuelle des philosophes grecs. Or l'arabe, langue sémitique comme l'hébreu, est très concret et s'accommode moins bien des concepts. Il « renvoie au terrain », si je puis dire. Ainsi, le terme *haqq* que l'on traduit, en français, par « vérité », comporte deux significations originelles : d'une part, ce qui est juste – l'idée de justesse – et, d'autre part, ce qui se réalise, au sens d'effectuation ou de création.

Le Dieu coranique, contrairement à ce que presque tout le monde croit ou veut croire, n'a pas de nom, car « Allah » résulte du passage d'un nom commun signifiant la « divinité » à un nom propre, passage justifié par le fait qu'il est considéré qu'il n'existe qu'une vraie divinité.

JLS

Pourquoi cette méfiance envers la « Vérité » ?

RB

À partir du moment où une doctrine est assimilée à la « seule vérité » et se transforme en vérité doctrinale sacrée, la violence n'est jamais loin, car cette vérité va vouloir devenir une obligation pour tous. L'actualité de ces dernières années nous en a donné des exemples effroyables : le processus de sacralisation, qu'il s'agisse de Dieu, du Prophète, du texte révélé, fait que toutes les personnes qui le rejettent, le raillent, sont transformées en blasphémateurs, jusqu'à être désignées comme une cible à tuer. Mais les blasphémateurs ne seraient-ils pas plutôt ceux qui réduisent le Prophète ou la divinité en laquelle ils ont foi à leurs propres représentations ? La violence arrive quand on confond Dieu avec l'image que l'on se fait de lui. Ce n'est jamais tant l'absolu en soi qui est blasphémé que l'imaginaire qu'il nourrit. On l'oublie trop souvent : avant d'être un code rituel et un système dogmatique particulier, la religion est l'objet d'un investissement affectif. Elle est affaire de sensibilité personnelle et renvoie à l'intime de chacun.

Seule une interprétation ouverte à la pluralité du sens peut nous empêcher de tomber dans la violence. Une interprétation éthique répondant à trois critères : l'estime de soi, l'estime de l'autre dans sa parole et dans ce qu'il me dit, et l'estime de ses institutions (autrement dit, l'estime du tiers). Chaque fois que j'émets un jugement qui ne tient pas compte de ces trois critères, mon interprétation risque d'être violente pour d'autres qui pensent différemment. La violence commence par le langage.

DH

En vous écoutant, Rachid, je pense à ce que la tradition juive dit du blasphème. Dans la Bible, au cœur du livre du Lévitique (chapitre 24), un homme est décrit comme blasphémateur, mais le récit ne permet pas de savoir exactement ce qu'il a fait ou dit pour mériter cette accusation. Une légende rabbinique, extraite d'un recueil de midrash rabbinique (*Tanhouma*), répond à cette interrogation et affirme que cet homme a un jour accusé ses pairs de ne pas traiter le Tout-Puissant avec suffisamment d'égards. Une fois par semaine, les Hébreux déposaient sur l'autel une offrande de pain frais. Cet homme leur aurait dit : « Quoi ? Un roi de chair et de sang consomme chaque jour du pain frais. Et vous osez servir à l'Éternel du pain rassis ? »

C'est cette remarque, selon les sages, qui aurait fait de lui un blasphémateur. Comment comprendre leur avis ? C'est que cet homme a le culot de croire que Dieu est à l'image d'un simple roi humain. Il a le toupet de s'ériger en défenseur de l'honneur du divin, comme si celui-ci dépendait d'un homme. Considérer que Dieu est si petit qu'il a besoin qu'on se préoccupe de ses besoins ou de ses droits, l'imaginer si minuscule qu'il aurait besoin de nous pour venger son honneur… : voilà le véritable blasphème !

La définition vaut d'être méditée, à l'heure où des assassins se lèvent pour venger l'honneur d'un prophète ou d'un Tout-Puissant, à leurs yeux impuissant, en criant que Dieu est grand, mais en faisant comme s'il était tout petit.

JLS

Ils se disent fidèles à l'injonction de Dieu dans le texte !

DH

En effet, les extrémistes ne viennent pas seulement au secours de Dieu, mais aussi de son texte. Ils souffrent généralement d'une forme de « textolâtrisme », une passion du texte figé et de préférence lu dans sa littéralité non questionnable. C'est une façon d'affirmer : « Pas touche au texte », et au nom de cet intouchable, au nom de l'honneur du texte, ils touchent aux hommes. L'art de l'exégèse rabbinique est, au contraire, toujours une forme de violence faite au texte, une autorisation de le « secouer ». C'est peut-être la condition d'une éthique relationnelle qu'on pourrait formuler ainsi : il faut savoir faire violence au texte pour ne pas faire violence aux hommes.

JLS

Ne pourrait-on pas dire aussi que personne ne peut prétendre posséder à lui seul la vérité ? La vérité serait fragmentée, partagée. Dans *L'Étoile de la Rédemption*[1], Franz Rosenzweig disait qu'au fond tout le monde – le juif, le chrétien… – ne détient qu'une part de la vérité, et

1. Paris, Seuil, 2003.

que dans cette vie chacun n'est jamais qu'au « porche de la Vérité ». Comme si la vérité était au-delà, dépassait les religions particulières. Ou encore, pour reprendre les mots de Heidegger, Dieu est toujours « plus grand » (que ce que nous en faisons).

RB

C'est, selon moi, le principe de *Allâh akbar*, le « grand appel » de l'islam : « Dieu est (toujours) plus grand », au-delà de nos représentations. Et pour cette raison, il ne faut pas confondre Dieu et la religion. Comme le disait Delphine, la violence imprègne l'existence : on ne peut vivre sans qu'elle soit là, en l'homme. Mais depuis au moins l'époque des Lumières, il y a aussi un « devoir de la raison » pour limiter cette violence, voire l'empêcher, entre les religions.

DH

Il y a une confusion au sujet de la vérité : certains pensent la détenir, alors que nous sommes en chemin vers elle. À partir du moment où l'on pense la posséder, il n'y a plus de place pour un idéal d'universalité. Élie Benamozegh, un rabbin italien du XIXe siècle, disait que le judaïsme avait l'universel comme but et le particulier comme moyen. Admettre le particularisme, notamment le langage particulier de sa tradition spirituelle, ne veut pas dire qu'il est une fin en soi, mais un cheminement propre à cette famille spirituelle. Naturellement, si l'on décide que son propre langage est *le* Langage, qu'il ne sert pas à parler de la quête de la vérité mais uniquement à annoncer qu'il *est* la Vérité, la possibilité d'un voyage s'éteint dans l'instant.

RB

L'idée du chemin que vous évoquez me rappelle le verset 19 de la sourate 3 : « La voie à suivre auprès d'Allah consiste à se mettre sous sa sauvegarde (*c'est-à-dire à entrer dans son alliance qui garantit la sauvegarde du groupe*). » Malheureusement, ce verset est souvent traduit par : « la religion près de Dieu, l'islam ». Et cette traduction donne à penser que l'islam, en tant que religion, était déjà institué au VIIe siècle ! Or, je le répète encore une fois, l'idée de *religio*, un terme latin, est tout à fait impropre pour la société du temps de Muhammad. *Dîn* renvoie plutôt au chemin à suivre ou à la coutume éprouvée, celle qu'on pratique effectivement dans l'existence humaine. Et le mot arabe *islam* ne signifie pas l'« islam » d'aujourd'hui. Il est peu présent dans le Coran (seulement huit fois) et renvoie lui aussi au fait de mettre sa vie sous la sauvegarde de Dieu. Je précise d'ailleurs que la racine du mot *islam* est également celle du mot « paix », au sens qu'avait ce mot alors : le chemin menant auprès de Dieu permet de se mettre sous sa sauvegarde. C'est en ce sens qu'Abraham et Jésus aussi sont des *muslim*.

DH

Ce que vous venez de dire montre l'importance de la « sédimentation » dans la signification des mots. Il faut distinguer entre le sens du mot dans un contexte historique précis, la façon dont il est apparu et dont il a évolué, et le sens qu'on lui donne finalement aujourd'hui. On ne peut pas ignorer le sens qu'il avait dans la culture de son apparition, mais pas non plus faire l'impasse sur la façon dont il a été lu et compris à travers les siècles.

RB

Il faut en tenir compte dès lors que le pouvoir évocateur du texte originel permet de répondre aux défis actuels. Ainsi, quand je dis que l'islam est d'abord une alliance avec ce Dieu-là, l'Unique surnommé Allah, la question pour les musulmans devient celle de savoir ce que veut dire aujourd'hui une alliance avec ce Dieu. Et quand le Coran propose l'idée de chemin, que veut dire aujourd'hui « cheminer » ? J'ai déjà parlé de la notion de *kâfir*, celui qui « recouvre » les signes de Dieu, autrement dit qui les récuse. Ne sommes-nous pas tous, *en ce sens*, des *kuffâr* ? Savons-nous lire ou accueillir les signes ? Ne « recouvrons-nous » pas les bienfaits de Dieu et ne nous comportons-nous pas souvent en ingrats ? Le *kâfir* est aussi en nous ! À partir du moment où les ouvertures sémantiques du départ me permettent de mieux revenir vers « moi », elles deviennent beaucoup plus intéressantes. La tradition ne m'oblige à rien, sauf à la lire et à la relire pour qu'elle me parle aujourd'hui.

Un Dieu qui exclut tous les autres ?

JLS

Avez-vous lu ou entendu parler des théories d'un égyptologue allemand qui s'appelle Jan Assmann[1] ? Pour lui, le ver est dans le fruit dès lors qu'il y a du « monothéisme ». Le raisonnement semble aller de soi : puisque les monothéistes prétendent tous avoir le seul unique et

1. *Le Prix du monothéisme*, Paris, Aubier, 2007.

vrai Dieu, le dieu des autres est forcément exclu ou à exclure. Assmann démontre cette thèse à partir de ce qu'il appelle la « rupture mosaïque ». Il accuse en somme Moïse d'avoir repris l'idée du pharaon Akhenaton, qui a vécu quelques décennies avant lui, et d'avoir, comme lui, pensé et mis en place un Dieu unique et exclusif, rompant ainsi avec le polythéisme « tolérant ».

RB

En vous entendant, je repense à cette tirade qu'on trouve dans *Ainsi parlait Zarathoustra*, de Nietzsche : « C'est alors que tous les dieux se mirent à rire et à s'écrier en branlant sur leurs sièges : "N'est-ce pas là précisément la divinité, qu'il y ait des dieux – qu'il n'y ait pas un Dieu ?" » Chaque fois qu'il y a un « mono- » (« monopartisme », « monolinguisme », « monothéisme »...) ou une prétention à n'exposer qu'une seule version de la réalité, un risque d'exclusivisme meurtrier existe.

Cependant, ce qui est meurtrier, ce n'est pas l'affirmation de la doctrine d'un Dieu unique. Depuis des siècles, que je sache, le judaïsme se fait le héraut de cette affirmation, mais n'a jamais – ou presque jamais ? – tenté de l'imposer aux autres. Il a, en tout cas, été bien plus persécuté à cause de sa foi que persécuteur en raison de sa foi ! Durant les trois premiers siècles de son existence, avant son adoption comme religion de l'Empire romain par l'empereur Constantin, le christianisme lui aussi, avec son « monothéisme trinitaire » (qui constitue, en soi, une brèche dans le « monothéisme intégral »), s'est montré tolérant à l'égard des autres et non-violent. Là où tout bascule, c'est quand cette doctrine monothéiste devient l'idéologie ou l'instrument de différents pouvoirs et prétend s'imposer à tous. Au cours de l'histoire, des religions qu'on peut qualifier de « polythéismes » se sont montrées elles aussi totalitaires et meurtrières à certains moments (je pense à la religion des anciens Germains, à l'« hindouisme »).

Dans le Coran, il n'y a pas vraiment de « guerre des dieux ». Ce qui est répété aux auditeurs de la première énonciation, c'est : « Laissez de côté les autres divinités, car elles ne vous sont d'aucune utilité », et encore : « Vous n'êtes alliés qu'avec moi, aussi pourquoi continuer à s'associer avec d'autres ? »

JLS

Vous venez d'évoquer l'associationnisme, un mot typiquement musulman, me semble-t-il.

RB

Oui. L'associationnisme, c'est avant tout l'attente d'une protection efficace de la part de divinités autres qu'Allah. Celle-ci est liée à l'économie et à l'imaginaire de survie dans la société tribale de l'Arabie qui pense qu'il est utile d'avoir des protections divines multiples face aux différentes situations représentant un danger vital.

Aujourd'hui, l'associationnisme (ou *shirk*) est devenu un élément très important du discours fondamentaliste. L'accusation de *shirk* est facilement lancée à la tête de personnes ou de groupes que l'on veut disqualifier en raison de leurs modes de vie, de leur type de piété, de leurs choix politiques ou culturels…

DH

Mais comment a émergé ce mot, *shirk*, et qu'implique-t-il pour celui qui le prend en compte ?

RB

Au départ, le terme a une résonance positive, car l'association et la collaboration entre tribus sont un phénomène heureux. Mais quand le Coran demande de ne pas s'allier à d'autres divinités qu'Allah, la concentration de la puissance protectrice dans une seule divinité heurte frontalement la mentalité tribale. Or quand il s'agit du Dieu exclusif, on ne saurait partager son territoire, qu'on lui confie par alliance, ni, *a fortiori*, l'adoration qu'on lui porte. C'est une faute.

JLS

Est-ce que cela veut dire, par exemple, qu'il n'y a plus de dialogue islamo-chrétien possible : que le juif et le chrétien rentrent dans la catégorie du païen ?

RB

Certains courants fondamentalistes mettent les chrétiens parmi les « associateurs », et ils y ajoutent aussi les juifs, à partir d'une étrange assertion contenue dans le Coran (9, 30), qui les accuse d'avoir « associé » le scribe Esdras (Uzaïr, dans le Coran) à Dieu en l'appelant « fils de Dieu ». Mais ce qui me paraît plus préoccupant, c'est que de nombreux musulmans, en particulier parmi les jeunes musulmans d'Europe, font une utilisation désastreuse d'un verset du Coran qui dit ceci (3, 110) : « Vous êtes le meilleur groupe qui est sorti pour les hommes (*qui le composent, par opposition aux juifs contemporains de Médine*). Vous ordonnez ce qui a été convenu, et vous défendez ce qui est néfaste ; vous vous ralliez en confiance à Allah. Ah ! si ceux qui ont reçu l'Écrit (*antérieurement*) se ralliaient eux aussi en confiance, ce serait bien pour eux. Il y a parmi eux des ralliés mais la plupart sont déviants. »

Ce verset, qu'ils ne contextualisent pas, non seulement confirme les musulmans dont je parle dans leur conviction que l'islam est la meilleure des religions (ce qu'il est légitime de croire), mais l'interprétation littéraliste qu'ils en font leur permet d'avoir un discours de dépréciation, de mépris des religions juive et chrétienne.

DH

Comment contrer une telle prétention, assise sur une base religieuse ? Quel est le discours théologique qu'il faut lui opposer ?

RB

Il faut encore et encore montrer que le discours coranique laisse de la place aux juifs et aux chrétiens. Certes, il n'est pas d'accord avec eux, mais il ne cherche pas à les éliminer. Si Dieu, au fond, s'arrange de ces professions de foi et de ces adorations différentes – celles des juifs et des chrétiens –, ce qui leur est reproché ne doit pas être si grave… Cette diversité est admise par le Coran, et les musulmans doivent faire avec. Sans doute Dieu a-t-il voulu qu'il en soit ainsi ?

Mais la grande affirmation coranique qui va de pair avec le *Allâh akbar*, c'est le *tawhid*, la proclamation de l'« Unicité » divine – qui me paraît être une affirmation plus profonde et plus large que le concept du monothéisme.

JLS

Il faudrait donc parler d'unicité plutôt que de monothéisme ?

RB

Il me semble que le monothéisme ne se présente pas d'abord comme un énoncé de foi, une certitude qui peut s'imposer à la conscience personnelle. C'est davantage un système d'explication, voire une idéologie. On ne peut d'ailleurs pas dire : « Dieu est monothéiste », tandis que l'on pourra attester que « Dieu est Un ». Le monothéisme n'est pas une qualité de Dieu ni un de ses attributs, tandis que l'Unicité peut être considérée comme ce qui qualifie le mieux Dieu.

DH

La seule chose qui s'approche d'un dogme dans le judaïsme, c'est ce que l'on énonce dans la prière du *Shema Israël* : « Écoute Israël : l'Éternel notre dieu est un. » On parle donc là aussi d'unicité. Il est intéressant que cette phrase dise « l'Éternel *notre* dieu », qu'elle emploie ce possessif pluriel. Cela suppose que ce à quoi l'autre rend un culte (ton dieu) et ce à quoi moi, je dois rendre un culte font un. Dire que Dieu est « un » signifie qu'il peut y avoir une pluralité de façons de le prier, de le rencontrer, de s'approcher de lui. C'est comme si cette phrase mettait en garde contre la position de ceux qui, adeptes du prosélytisme ou convaincus d'avoir la clé d'un rapport exclusif au divin, affirment : « Il n'y a qu'un Dieu, et c'est le mien ! » Or, ce n'est pas ce qui est dit.

RB

Exactement. Soit on pense en termes d'unité pour parler de Dieu, avec les précautions et le contexte dont nous avons parlé, soit on en parle comme d'une monnaie : j'ai une pièce dans la poche, c'est la mienne, elle ne se partage pas !

DH

C'est en fait une problématique capitaliste !

JLS

Voici une remarque qui va donner du piquant à vos réflexions : on entend souvent dire aujourd'hui que les religions polythéistes, comme celle des Romains, admettaient et adoptaient facilement les dieux des autres – sous-entendu : étaient pacifiques.

DH

La société romaine et le monde romain ont-ils été moins violents ? Cela reste à voir.

JLS

En effet, car c'est le paradoxe : les trois monothéismes sont aussi des religions fortement éthiques.

RB

C'est une illusion de mettre en relation une société avec Dieu ou une société sans Dieu avec l'existence ou non d'une violence supplémentaire. Le XXe siècle, avec les idéologies athées du nazisme, du stalinisme, du maoïsme, a largement démontré qu'il n'est nul besoin de religions pour générer de la violence ! Les religions n'existent pas en dehors des hommes. Il faut sans cesse leur redonner leur dimension éthique, subjective. Les textes ne parlent pas d'eux-mêmes : ce sont leurs lecteurs qui les font vivre. Et c'est parce qu'on ne les contextualise pas, qu'on refuse de les contextualiser qu'ils peuvent se transformer en idéologies assassines.

Politique et religion

JLS

Il faudrait reconnaître, me semble-t-il, qu'il existe un rapport assez fort entre violence, politique et religion : une possibilité permanente d'instrumentalisation politique du religieux, une tentation des politiques d'appuyer leur pouvoir sur des sentiments religieux et des tentatives constantes des religions pour demander du pouvoir au politique.

RB

Il n'existe pas de religion qui soit réellement indépendante du politique. L'expansion du christianisme a été grandement permise par la décision politique de l'empereur Constantin, en 312, de faire du christianisme la religion officielle de son empire. Le christianisme n'aurait pas été ce qu'il est devenu s'il n'y avait eu cette « OPA » constantinienne. De même, Clovis à la fin du ve siècle et Charlemagne au début du IXe ont joué un rôle central dans la victoire du christianisme romain en Occident. Quant à l'islam, nous savons tous que sa naissance coïncide avec la naissance d'un empire : l'Empire arabo-musulman, dans une version omeyyade d'abord, dans une version abbasside ensuite. Croire que religion et politique peuvent être totalement étrangers est une illusion, car les religions ont prétention à éclairer le tout de la vie des hommes, et pas seulement leur conscience personnelle, pas seulement l'élévation de leur âme. On ne peut sortir, dès lors, de la tension entre religion et politique. Chaque société doit sans cesse chercher à maintenir un équilibre entre les deux, ou trouver un règlement, comme le régime de la laïcité en France. Même dans des sociétés très sécularisées, le religieux n'a pas disparu. Il peut même revenir, comme c'est le cas en ce moment dans nos sociétés sécularisées d'Europe : un retour du refoulé.

DH

Pour cette raison précisément, il est très important de ne pas laisser le texte et la tradition être kidnappés par qui que ce soit. Kidnapper les textes, dans un sens nationaliste ou ethnocentrique par exemple, est très facile. Mais il est tout aussi facile de démontrer en quoi le texte ne cautionne pas ce repli ou l'exclusion de celui qui vient d'ailleurs… Il est donc insupportable de supposer que les voix qui instrumentalisent le texte sont plus légitimes ou fidèles au verset quand elles énoncent les affirmations les plus conservatrices, radicales ou fondamentalistes. Ces voix qui vivent sans « peut-être », dans la certitude de leur bon droit, ne font que piocher dans le texte ce qui confortera leur idéologie. Il faut contrer ces interprétations dures, sans pour autant laisser croire que nos religions ne seraient qu'amour, bienveillance et éthique. Cette affirmation n'est pas plus démontrable que celle des fondamentalistes. Les textes peuvent en effet nourrir le pire comme le meilleur, des lectures mortifères comme des lectures fertiles.

Se contenter de dire que « *leur* lecture est erronée » est contre-productif, car rien ne les empêche d'affirmer précisément la même chose à l'égard de nos interprétations. Il faut admettre la multiplicité des lectures, mais lutter toujours contre celles qui poussent au meurtre.

RB

C'est d'autant plus vrai que ce phénomène d'absolutisation s'est accentué avec Internet et les réseaux sociaux. L'anonymat permet tous les excès et, à ce jeu, les radicaux sont gagnants. À partir du moment où il n'y a pas de face-à-face, tout devient possible. La violence symbolique des mots est oubliée, chacun se croit tout-puissant sous le régime de l'anonymat.

DH

Sur les réseaux sociaux, le problème de l'exégèse unique est exacerbé. Chacun y a la possibilité d'écarter celui ou celle qui n'adhère pas à sa lecture du monde, et de ne s'entourer que de personnes qui pensent ou lisent comme lui. Dès que surgit une voix contraire, on peut la « dégager » sans autre forme de procès. La tentation immédiate (et permanente) est de se replier, de construire des murs très hauts, de créer des communautés virtuelles qui sont en réalité des ghettos. Et puis – nous en avons déjà parlé – la compétition victimaire joue un rôle essentiel. Beaucoup s'y racontent leur histoire comme un bestiaire des douleurs passées : les souffrances de leurs ancêtres légitiment leur déferlement de haine, en font une sorte de légitime défense.

Ce qui est étonnant dans la Bible, c'est que cet enchaînement haineux est raconté dès le tout début du texte. La première violence qu'on y croise est celle de Caïn qui tue son frère Abel : un premier crime qui est un fratricide ! Caïn ne peut supporter que l'offrande d'Abel ait pu être acceptée par Dieu alors que la sienne a été refusée. C'est humiliant et vexant. C'est comme si cette douleur légitimait pour Caïn sa haine puis son geste assassin. Dieu lui dit : « Tu peux te relever, sinon le péché est tapi à la porte » (Genèse 4,7). Il y a une mise en garde du divin ou de la conscience, qui dit au meurtrier en puissance : « Tu dis que tu as souffert. Eh bien, que vas-tu faire de cette mémoire ? Va-t-elle te définir et justifier que demain tu détruises le monde, à commencer par ta famille ? Ou bien vas-tu faire en sorte que cette douleur ne te submerge pas et soit au contraire le support de ton élévation future ? »

Nous traduirions sans doute le terme hébreu pour « se relever » par le mot « résilience ». Sans elle, il y aura toujours une bonne raison de tuer l'autre, au nom des douleurs d'une génération ou de la précédente. C'est sans fin !

RB

La comparaison rend malheureux, car elle instaure sans crier gare la rivalité mimétique et la violence. J'insiste souvent là-dessus lors de mes diverses interventions, en particulier sur les questions de « radicalité » et de « djihadisme » : le ressentiment et l'humiliation sont des ressorts importants. Ils préparent les violences de demain. C'est ce que dit Nour, l'héroïne de mon roman [1] : « On peut réparer une injustice, mais on ne guérit pas d'une humiliation. » Ce qui est en jeu, c'est la question de la reconnaissance : comment faire pour que la parole de celui qui est dans le ressentiment ou qui a été victime soit entendue ? Quels espaces mettre en place pour écouter cette lamentation ?

Ce que Delphine dit de la résilience me remet en mémoire une citation que j'ai lue lorsque j'avais seize ans dans un livre du philosophe américain du XIXe siècle Ralph Emerson, et que je n'ai jamais oubliée : « Notre plus grand mérite n'est pas de ne jamais tomber, mais de nous relever à chaque fois. » J'aime cet aphorisme, car il contient une véritable leçon d'éthique : savoir ce qu'on fait de sa vie, décider d'en faire ce que l'on veut.

JLS

Je retiens peut-être de ce que vous avez dit tous les deux, au-delà des nuances à propos de la violence possible du monothéisme et du procès fait aux autres, l'importance du « retour sur soi » et de la « résilience », la nécessité de « revenir » et de « se relever » des humiliations et de la souffrance que l'on pense, à tort ou à raison, avoir subies.

1. *Op. cit.*

Chapitre 8

De quel Dieu parlons-nous ?

JLS

Les croyants en « Dieu », ou ceux qu'on appelle ainsi, sont devenus presque minoritaires dans nos sociétés européennes. Le contraste est grand avec les pays du Sud, voire entre l'Europe et tous les autres continents. On est là devant une sorte de dissonance mondiale ou mondialisée assez étrange finalement : chez les autres, la divinité ou le « sacré » (un mot dont vous avez déjà souligné l'ambiguïté) restent en général très prégnants, tandis que, dans nos sociétés « post-séculières » ou « post-métaphysiques » d'Europe, « Dieu est mort », pour reprendre l'oracle de Nietzsche, ou se meurt toujours davantage. Est-ce que ce « recul de Dieu » – j'emploie cette expression faute de mieux, car elle est évidemment « humaine trop humaine », pour reprendre un autre mot célèbre de Nietzsche – vous préoccupe, vous laisse indifférents, vous semble discutable ?

La menace permanente de l'idolâtrie

DH

Je crois que ni Rachid ni moi ne sommes à l'aise pour répondre à cette question. C'est lié au sentiment – peut-être à l'impression – que, quand on parle de « Dieu », il y a comme un malentendu. Un malentendu au sens littéral : quelque chose que l'on « n'entend pas », ou que l'autre n'entend pas quand nous prononçons ce mot, comme si les mots nous handicapaient.

Lorsque je participe à des dialogues interreligieux, il arrive souvent que mon interlocuteur chrétien s'adresse à moi en disant : « Vous qui êtes une femme de foi… » Et j'ai chaque fois le sentiment d'une imposture. Je ne comprends pas ce qu'il entend par ce terme. Et j'ai bien peur de ne pas croire du tout au Dieu avec lequel il suppose que j'ai une relation d'intimité particulière. C'est comme si cette évidence pour lui sonnait faux à mes oreilles à moi.

De même, lorsque je dialogue avec des athées convaincus, ou certaines personnes qui « croient » très fort en leur incroyance, j'ai ce sentiment de dissonance. Je cherche alors comment leur dire que le Dieu auquel ils ne croient pas, je n'y crois pas non plus, et j'essaie de comprendre d'où leur vient cette certitude indubitable, qui, à mes yeux, ressemble beaucoup à de la foi.

Dans nos sociétés sécularisées, la croyance est souvent caricaturée en une niaiserie dans le meilleur des cas et en une folie dans le pire. Je l'avoue : décrire le Dieu auquel je pourrais croire n'est pas le cœur de mon cheminement religieux. Je suis consciente que cette affirmation est loin d'être une évidence dans un système de croyance chrétien. Mais dans la tradition juive, il faut bien l'admettre, la foi n'est pas le centre de l'« attachement » à Dieu. On dit souvent, et à raison, que dans le judaïsme l'action l'emporte sur la croyance. Ce qui compte, ce sont les actes. Ce à quoi l'on croit, l'image d'un Dieu vers lequel l'homme se tourne, est secondaire et tolère une très large palette de croyances. Finalement, ce n'est pas central : on peut même renoncer à la foi tout en se considérant ou en restant considéré comme une très bonne juive ou un très bon juif.

Un célèbre texte de la littérature rabbinique fait dire à Dieu : « Vous pouvez m'abandonner, mais n'abandonnez pas ma Torah. » C'est comme si Dieu avouait qu'il n'a pas besoin que l'on croie en lui, mais préfère qu'on agisse selon des principes particuliers. Une autre idée illustre ce principe : le nom de Dieu, dans la tradition juive, est ineffable, on ne peut pas le prononcer. Le divin relève du domaine de l'indicible et ne peut donc faire l'objet d'une « théologie » au sens littéral du terme. « Parler » de lui n'a aucun sens. Commencer à le définir avec des mots, c'est prendre le risque de le croire « fini ». C'est-à-dire d'en finir avec lui ou de succomber à l'idolâtrie.

JLS

Vous êtes, au fond, plus sensible à l'idolâtrie qu'à Dieu ?

DH

Savoir identifier l'idolâtrie me semble en effet plus critique que savoir parler de sa croyance en Dieu. Si je devais essayer de définir ma religion, je parlerais d'abord, *comme son pilier*, du refus de l'idolâtrie ou d'une traque permanente pour tenter de la débusquer. Dans ma pratique religieuse, je suis toujours attentive à l'instant où elle menace mon rapport au Transcendant. Je risque d'y tomber chaque fois que j'imagine transformer de l'infini en fini, chaque fois que je m'imagine exercer le moindre contrôle sur lui, chaque fois que mon monde rétrécit en ne faisant plus de place à de l'infini ou du transcendant.

Prenons l'exemple de la prière. Je vais être un peu caricaturale, mais si je dis : « Je passe demain un examen, mon Dieu, fais qu'il se passe bien… », c'est une forme d'idolâtrie, car je tente de conclure un marché avec l'Infini. En réalité, toute prière de demande – c'est la plus fréquente chez nombre de croyants – fait courir le risque de l'idolâtrie, car faire une demande à Dieu suggère que je tente de le soumettre à mon désir, que je le mets à l'épreuve d'une certaine manière en le sommant de se faire aussi petit que moi. Comment entrer en rapport avec le Transcendant sans établir un rapport de marché, voire de marchandage, ou de domination avec lui ?

De même, aucun nom ne saurait, pour moi, correspondre au vrai nom de Dieu : le nommer, c'est le définir et donc en faire une réalité « finie ». En hébreu, son nom ineffable s'écrit avec quatre lettres qui ne forment pas un nom, mais plutôt une structure verbale : Dieu est un verbe dont la particularité est de mêler la conjugaison du verbe « être » au passé, au présent et au futur. Dieu s'écrit « était-est-sera » et ne se prononce pas. Une action qui nous transcende… tel serait le seul nom véritable du Dieu que j'invoque.

JLS

Des deux exemples de prières que vous avez donnés, on peut dire que oui, ce sont des prières fréquentes. En même temps, pour les trois monothéistes que nous sommes, ce sont des exemples assez triviaux. Les psaumes de la Bible représentent tout de même une forme de prière beaucoup plus haute. Est-ce qu'ils vous posent le même problème ?

DH

Non, la prière ne pose pas de problème pour moi quand elle relève de la poésie, de l'« élévation de l'âme », quand elle invite à l'introspection, à l'autocritique, quand elle s'apparente à une sorte de modification de l'état de conscience. Je vois la force de la prière dans sa répétition, ou sa force comme *mantra*, comme capacité d'élévation de l'esprit : en répétant les mêmes mots, quelque chose de transcendant surgit en nous.

RB

Quand nous disons le vocable « Dieu », dans quelque langue que ce soit, nous ne savons pas de quoi nous parlons… Que nous disions « El », « Elohim », « Allah », « Theos », « Deus », « Dieu » ou encore « God », il s'agit toujours d'un mot humain, par lequel nous essayons de traduire une idée ou/et une expérience de ce qui relève d'un principe premier, de l'ultime, du transcendant, mais aussi de l'intime, parfois de la paix intérieure… Cependant, ce Principe premier, cet Ultime, ce Transcendant – je mets, maintenant, pour en parler, des majuscules – nous échappe complètement. C'est d'ailleurs pour cette raison que nous multiplions les mots pour tenter d'en rendre compte, que nous faisons souvent appel, pour en parler, pour tenter d'approcher son mystère, aux ressources du langage poétique et à celles du langage métaphorique. Mais, à y bien réfléchir, le croyant est toujours aussi, quelque part… un athée ! Car il croit à un certain type de divinité, et pas à un autre. Quand j'exprime en quel Dieu je crois, je dis aussi, du même coup, celui dans lequel je ne crois pas. Sans doute est-il nécessaire que le croyant se montre « athée » par rapport à certaines représentations de Dieu, en particulier par rapport à toutes les tentatives d'enfermer Dieu dans du langage afin d'en faire comme sa « propriété ». On sait bien, en effet, que définir c'est déjà prendre du pouvoir sur ce que l'on définit. On assigne à celui qu'on définit… une définition inévitablement limitative et qui, généralement, a pour objectif de nous rassurer.

JLS

Tout ce que vous dites, dans une perspective philosophique ou conceptuelle, des limites du langage sur « Dieu » est tout à fait pertinent. Mais nous ne prions pas un concept, me semble-t-il. Pourriez-vous exprimer comment vous voyez la prière ?

RB

Je dis souvent qu'il y a deux manières de prier Dieu. Les uns veulent tourner Dieu vers eux, et les autres se tournent vers Dieu. Les premiers courent le risque d'en faire l'idole dont Delphine parlait. Ils aimeraient que le « Tout-Puissant » (une appellation commune aux trois monothéismes dits « abrahamiques ») entre dans leurs pauvres existences et fasse une foule de choses pour les aider, les soulager, leur porter chance. Les autres se tournent vers Dieu, pour lui dire simplement qu'ils *manquent* de beaucoup de choses – sinon de tout –, et qu'ils sont, au fond, des êtres de manque. C'est pourquoi, ce qu'ils demandent, c'est ce que l'on trouve énoncé dans la Fatiha, la première sourate du Coran : la guidance, être bien guidés sur ce chemin du manque.

Au départ, la gratitude

RB

À mon sens, quand des gens prient, quels que soient leur degré de croyance et leurs connaissances religieuses, ils devraient surtout être dans une attitude d'action de grâce, une attitude où l'on dit d'abord « merci ». La prière a pour première fonction d'exprimer la gratitude. Je reviens à ce que j'ai dit du terme *kâfir* dans le Coran, que l'on traduit improprement par « mécréant » alors qu'il renvoie à l'idée de celui qui recouvre quelque chose, en l'occurrence les signes et les bienfaits de Dieu. Or la vie est un bienfait bien visible, même quand elle s'avère difficile à… vivre. Le *kâfir*, comme je l'ai avancé, c'est l'ingrat, celui qui ne sait pas faire preuve de gratitude.

Pour moi, il s'agit donc d'abord de dire merci dans la prière. De là vient que la prière, autrement dit la relation à Dieu, ne peut être que poétique. Elle ouvre un espace d'imagination, d'action, d'éthique. Sinon, on aura tendance à ramener Dieu à soi, à en faire sa chose et donc à rendre notre vie et celle des autres infernales. Il est vrai que beaucoup de croyants, lecture du Coran à l'appui, ont une conception de Dieu qui comptabilise, d'un Dieu qui fait ses comptes et qui nous fera payer notre dette : avec tel nombre de points, on ira au paradis, avec tel autre, on ira en enfer ! Cette conception répandue de Dieu est à l'évidence une vue humaine, trop humaine. Dieu, c'est d'abord l'expérience intime de l'Ultime. C'est cette altérité radicale qui fait que, en s'adressant à lui dans notre intériorité, nous ne pouvons mentir. C'est un vis-à-vis exigeant à l'égard de nos propres constructions.

DH

Comme toujours, il est étonnant de voir à quel point nous habitons et explorons avec des langages différents le même univers. Trois choses me touchent particulièrement dans ce que vous avez dit, Rachid.

Tout d'abord, j'aimerais évoquer cette mise en chemin que permet Dieu. Le mot « Dieu » dans la prière est souvent la traduction de l'hébreu *El*, un mot qui veut aussi dire « dans la direction de ». Je ne sais si cela marche avec Allah en arabe, mais *El*, en hébreu courant, veut dire « je vais vers quelque part ». Le nom même de Dieu indique donc une direction, un mouvement.

Me touche aussi le fait que dans la prière surgit la conscience d'un manque, d'un vide en soi. Il se pourrait alors que l'erreur soit d'attendre de Dieu qu'il vienne remplir ce vide et ce manque. Ce n'est pas le Dieu que je prie pour ma part ; je prie Dieu pour lui marquer ma reconnaissance de la conscience du vide qui est en moi. Le vide est ce qui permet la mise en mouvement. S'il n'y a pas de vide en soi, si on est plein de quelque chose, on ne va nulle part. La mise en mouvement est toujours conditionnée par la conscience et la reconnaissance de la faille en soi. Savoir qu'il y a en soi de la place pour l'autre est le point de départ vers le Transcendant, vers l'au-delà de soi.

Enfin, j'aime l'idée que la croyance véritable implique une forme d'athéisme. Les mystiques juifs ont beaucoup insisté sur l'idée que Dieu s'est retiré du monde pour que celui-ci existe. Quand le monde a été créé, a aussi eu lieu ce qu'ils appellent le phénomène du *tsimtsoum* : Dieu « fait de la place » pour que la responsabilité de l'homme s'exerce. Bien des récits dans le Talmud illustrent cette idée d'une humanité aux commandes, qui, à un moment donné, demande à Dieu de ne plus intervenir dans ses débats : « Tu nous as donné la Torah, disent les sages à Dieu dans le Talmud, elle est entre nos mains, alors maintenant n'interviens plus, reste où tu es. » La pensée rabbinique met ainsi en place une religion « athée » au sens premier du terme, puisqu'elle dit à Dieu de se retirer du monde. Ce paradoxe, car c'en est un, Henri Atlan l'appelle « athéisme de l'Écriture[1] » : l'Écriture comme trace du divin présuppose l'absence de Dieu qui s'est retiré.

RB

Le Coran est une trace de la Parole, car celle-ci nous échappe, en ce sens que l'événement de la parole nous échappe. Il reste une trace écrite, qui nous met automatiquement en chemin. Mais cette trace, que représente l'espace textuel du Coran, il faut constamment la redéployer. Le Coran s'exprime par des signes, qui doivent nous guider vers l'au-delà. Et ce n'est pas seulement le

1. Henri Atlan, *Les Étincelles de hasard* (t. 2 : *Athéisme de l'Écriture*), Paris, Seuil, 2003.

texte qui est signe, le monde l'est aussi. Dans le Coran, il est souvent dit : « Ne voyez-vous pas le jour et la nuit, la succession de la pluie ? » Ce sont des signes qui disent la présence de Dieu. Sa présence n'est donc pas réservée au texte : elle est donnée aussi dans l'exploration du monde – et non dans sa conquête ou sa domination.

À mon sens, quand les musulmans ont cessé d'explorer le monde en tant que signe, en tant que présence de Dieu, ils sont devenus « textolâtres », c'est-à-dire qu'ils se sont enfermés dans le texte, alors que le signe fait toujours signe vers un au-delà de lui. Comme le disait Mohammed Arkoun, le signe s'est alors transformé en signal. Or le signal, c'est comme un feu rouge qui indique qu'il faut s'arrêter : il n'y a rien à interpréter. Le signe permet, au contraire, la multiplicité des interprétations (sur la question du voile, par exemple). À partir du moment où les signes deviennent signaux, c'est la fin de l'interprétation.

DH

Le signe, comme une trace de pas, raconte autant la présence que l'absence. Lorsqu'on voit une trace dans le sable, cela signifie que la personne qui est passée par là n'est plus là. L'idolâtrie commence quand la trace de pas est confondue avec ce qu'on cherche, alors qu'elle ne fait qu'indiquer une direction.

De la prière collective

JLS

Vous venez de dire, avec beaucoup de nuances, votre compréhension personnelle de la prière… personnelle.

Force est tout de même de constater que, dans le judaïsme comme dans l'islam, il existe une « prière collective », et même une invitation forte à y participer.

DH

Oui, ma religiosité se joue dans un dialogue permanent entre l'expérience personnelle et collective. J'y cherche ma place entre ce qui m'a précédée et ce qui viendra après moi, dans la conscience d'appartenir à une grande chaîne qui transcende mon expérience propre. La liturgie, dans son aspect répétitif, dit que quelque chose ne commence pas avec moi, mais se répète d'une génération à l'autre, chaque jour, de semaine en semaine, d'année en année. Et de cette répétition ou de cette « endurance », peut surgir du nouveau, de l'inédit – comme le dit ou le suggère la psychanalyse. C'est toujours dans la répétition que s'énonce la possibilité du renouveau.

Le langage, mon langage, n'est pas né avec moi et je ne l'ai pas inventé : j'arrive dans ce monde et ne peux m'exprimer que parce qu'on m'a transmis des mots, un langage, des textes qui, peut-être avec moi, vont prendre une signification nouvelle et produire un sens inédit.

RB

Dans la prière collective, je suis sensible, je l'ai déjà dit, à l'écoute. Ce que vient de dire Delphine me rappelle évidemment la formule de Paul Ricœur : « Écouter exclut de se fonder. » Je l'interprète ainsi : le langage de la prière nous précède. Celle-ci répète et nous fait écouter des mots et des réflexions que d'autres ont partagés avant nous, et nous nous inscrivons dans cette chaîne. Toute prière musulmane inclut, pour cette raison, une part de

Coran. Et tout musulman le sait : c'est mieux si le récitant a une très belle voix, car cette cantilation a un rôle « performatif », un peu comme si le Coran était une partition musicale exécutée par un interprète virtuose qui ferait ressortir de l'inédit, quelque chose qu'on n'a encore jamais entendu. Quand le récitant – ou encore le prédicateur – a une belle voix, qu'il se montre capable d'accrocher et de passionner ses auditeurs, ceux-ci peuvent avoir le sentiment qu'il manifeste quelque chose de la présence de Dieu elle-même. Il prête sa voix à un événement qui ressemble à la parole de Dieu…

Beaucoup de musulmans affirment aussi qu'ils ressortent apaisés lorsqu'ils ont prié ensemble. Cet apaisement résulte en partie du fait que tout le monde accomplit les mêmes gestes, dit les mêmes mots en même temps, ce qui correspond à un besoin de faire un, autrement dit : un besoin de faire communauté. Mais une communauté provisoire qui n'empêchera pas, ensuite, que chacun retrouve son individualité : une communauté non communautariste ! Ceux qui vont à la prière de midi du vendredi y vont pour inaugurer, chaque semaine, quelque chose de neuf. Tous les vendredis, au moment de cette prière du milieu du jour, se dévoile une nouvelle création qui bâtit l'unité.

JLS

Vous avez assez insisté tous deux, différemment, sur l'absence, la distance de Dieu, et je me sens en connivence avec ce sentiment. Mais j'avais aussi en tête ce que vient d'évoquer Rachid : l'idée que, dans une prière collective, on peut sentir l'émotion de la consolation, on peut « se sentir bien », et même, disons-le, on peut éprouver un sentiment de présence du divin.

DH

La présence des autres communique un sentiment de réconfort. Dans le judaïsme, le *minian* répond à cela : certaines prières ne peuvent être récitées que si l'on est entouré d'un groupe. Il faut dix personnes pour les énoncer. C'est le cas, par exemple, de la célèbre prière du *kaddish*. Récitée pendant un an par les proches d'un disparu, elle est écrite sous la forme d'une liturgie de dialogue. L'endeuillé commence la lecture et le *minian* lui répond, à intervalles réguliers. La communauté autour de lui soutient sa parole et modèle, dans la prière, la possibilité d'un réconfort. Personne ne doit vivre le deuil dans la solitude, et l'injonction de réciter cette prière chaque jour crée les conditions d'un entourage solidaire.

Les postures de la prière sont un autre point crucial. Il est intéressant de comparer celles qu'adoptent les différentes traditions monothéistes. La posture de la prière juive par excellence est la position debout : on ne s'agenouille pas, on ne se prosterne pas. Selon le Talmud, cette coutume renvoie au moment où Abraham demande à Dieu de ne pas détruire Sodome et Gomorrhe. La Genèse dit que le patriarche se tenait debout durant cette « négociation ». Je rappelle la scène : Dieu annonce à Abraham qu'il va détruire Sodome et Gomorrhe, ces villes dépravées qui ne respectent pas les étrangers et leur refusent l'hospitalité. Abraham tente de négocier et va mettre en cause rien de moins que la justice divine : « Comment, le juge de toute la Terre ne serait pas juste ? » (Genèse 18,25) ! Dieu accepte alors de sauver la ville à condition d'y trouver au moins dix justes. C'est ce débat face à Dieu, cette négociation avec le divin, qui est à l'origine de la position de prière dans le judaïsme : une posture de négociation.

JLS

Les non-juifs sont souvent surpris par le balancement des priants juifs qu'ils voient à la télévision… et rares sont ceux qui en connaissent la raison.

DH

Oui, la prière juive est aussi célèbre pour le léger balancement qu'elle provoque chez nombre de fidèles. On prie debout dans le judaïsme, mais toujours de manière un peu intranquille. Quand je parle avec des personnes très conservatrices, qui me disent que la prière est affaire d'inchangé, de stabilité absolue, je leur fais remarquer qu'il est tout de même curieux qu'on revendique cette stabilité de la prière en se balançant. Ce balancement ne serait-il pas la forme même du changement, du mouvement en soi que toute prière induit ?

RB

Quand les musulmans font leur prière et qu'ils disent à chaque fois, et plusieurs fois de suite : *Allâh akbar*, « Dieu est plus grand », ils mettent d'abord leurs mains autour de la tête, les paumes ouvertes, dans un geste qui manifeste l'écoute. Ils signifient par là qu'avant même de s'adresser à Dieu il faut l'écouter dans l'intimité de son être. L'invocation du nom de Dieu et de sa grandeur entre dans le corps et le cœur, les traverse, fait faire une sorte de gymnastique intérieure. En observant les différentes positions de la prière chez les juifs, chez les chrétiens et chez les musulmans, je me suis souvent demandé si, des uns par rapport aux autres, il n'y avait pas une forme de surenchère : les juifs sont debout et se balancent, les chrétiens (au moins les chrétiens catholiques) se mettent à genoux, et les musulmans font encore mieux en se prosternant !

Cette remarque un peu légère étant faite, on pourrait dire que la prière musulmane canonique obligatoire – la *salât* – se situe à l'intersection du temps et de l'espace. Le temps dans lequel elle s'inscrit est à la fois profane et sacré. Profane, puisque ses horaires appartiennent au découpage du temps humain : cinq fois entre le lever et le coucher du soleil, avec des variations d'horaires d'une saison à l'autre, qui dépendent de la position du soleil. Sacré, parce que les prières se rapprochent, la durée les séparant les unes des autres devenant moindre quand on avance vers le coucher du soleil et la nuit. En effet, il faut accélérer le rythme pour résister à l'œuvre du temps, à ce temps qui laisse la liberté au travail du *Shaytân*, du « diable », et qui éloigne de la Source de l'existence. D'une certaine manière, il y a une lutte du temps sacré contre le temps profane !

La prière musulmane s'inscrit aussi dans l'espace. Les apologistes de l'islam vous diront que, dans la série d'agenouillements, d'élévations et de prosternations que les musulmans accomplissent en priant, leur corps écrit dans l'espace le nom d'Allah en lettres arabes. Une chorégraphie qui serait aussi une calligraphie ! Elle doit se faire après des rites de purification et une fois qu'on s'est déchaussé, si possible en utilisant un tapis, tout cela pour bien signifier que la prière fait entrer le fidèle dans un autre espace que celui du monde impur et dangereux. Quand il se prosterne et pose le front à terre, il fait preuve d'humilité ; il ne craint pas de s'abaisser au plus bas devant son Seigneur. De plus, dans la prière communautaire, dans l'espace de la mosquée, tout le monde se retrouve en rangées successives et au même niveau : les riches et les pauvres, les puissants et les sans-pouvoir sont mêlés, sans que personne ait le droit de choisir sa place. L'indication que, aux yeux de Dieu, les croyants sont tous égaux et que seule compte la piété.

Contester Dieu et ses prophètes ?

JLS

Vous insistez beaucoup sur l'« écoute », Rachid. Vous dites qu'elle permet de ressentir, de recevoir, de laisser venir sur soi et en soi la Parole, comme la pluie fine qui vient arroser doucement et faire revivre la terre. Mais est-ce qu'un musulman peut s'adresser à Dieu en le contestant ? J'ai en tête des lectures de mystiques comme Rûmi, l'un des plus connus. Je pourrais aussi parler de Ibn Arâbî et d'autres. Rûmi s'adresse à Dieu de façon nostalgique, de manière amoureuse aussi, en l'interpellant mais sans le contester, me semble-t-il. Et dans la mosquée, toute contestation, voire toute interpellation, de Dieu semble impossible.

RB

En effet, je pense que la contestation de Dieu, dans les Psaumes et ailleurs, est une démarche typiquement juive. On peut d'ailleurs se demander si, d'une certaine manière, le Coran ne se présenterait pas partiellement comme une réponse aux Psaumes, si on accepte l'idée que le contenu de ces textes était connu du Prophète et de ses auditeurs. La plainte à l'égard de Dieu, ancienne, est connue du

Coran. À cela, il répond : « Cessez de vous plaindre. » Les musulmans partent du principe que Dieu est miséricordieux, et qu'il a répondu aux humains, à leurs questions, à leurs inquiétudes et qu'il n'y a pas à revenir là-dessus. Lui reprocher quoi que ce soit serait insultant, au minimum déplacé ! Au passage, je relève qu'une grande partie des musulmans – en Europe tout particulièrement, au contact de chrétiens et des héritages culturels chrétiens – a « christianisé » ce Dieu miséricordieux, a christianisé le contenu de cette miséricorde divine, notamment en l'appelant le « Bon Dieu » : une expression pas vraiment musulmane !

L'idée de dialoguer avec Dieu et, *a fortiori*, de le contester, comme on en trouve la pratique au long de la Bible, est étrangère à l'islam. C'est l'attitude inverse qu'il s'agit de vivre : il faut s'efforcer de comprendre ce que Dieu a dit. Bien entendu, on constate l'existence de la souffrance, des injustices, et tout cela peut être fort douloureux, ressenti comme incompréhensible, insensé. Mais les musulmans croient que « Dieu seul sait », qu'il est toujours le Juste par excellence et que ce que nous ne comprenons pas s'éclairera un jour. Il y a, en effet, la certitude de l'existence d'un plan supérieur divin, inaccessible à l'intelligence humaine. C'est le sens du *mektoub*, du « C'est écrit ! » dont nous avons déjà parlé. Il convient d'accepter qu'il y ait des desseins qui nous dépassent, d'accepter que nous n'avons pas la capacité de tout maîtriser. Certains voient là de la résignation ; je crois qu'il s'agit davantage d'abandon.

JLS

Est-ce que cela découle de ce que la transcendance du Dieu coranique est telle, comme on le dit souvent, qu'il ne peut être « que réponse », sans mise en question possible ?

RB

Le Dieu coranique est à la fois proche et lointain. Le Coran dit qu'il est « plus proche de vous que votre veine jugulaire » (50, 16). Mais Dieu ne peut être comparé à rien de connu ; aussi notre relation à lui est-elle, en fait, impensable. Il faut tenir ensemble ces deux extrêmes : Dieu le « tout proche » et Dieu le « tout lointain ». C'est le principe de la « métaphore vive », un énoncé impertinent qui selon Ricœur « redécrit » la réalité paradoxale.

DH

Rachid, je me souviens soudain d'une conversation que nous avions eue il y a quelques années, où nous avions évoqué ensemble la personnalité de Noé, le héros biblique du déluge. Je vous avais dit alors que, dans la tradition rabbinique, Noé n'est pas quelqu'un de particulièrement extraordinaire. Il est défini comme « un juste dans sa génération », mais selon les rabbins, s'il était né dans une autre, personne n'aurait remarqué sa présence. On lui reproche d'ailleurs beaucoup de choses, et notamment son comportement à la sortie de l'arche : il boit, se saoule, commet beaucoup d'erreurs… Vous m'aviez alors dit : « Jamais le Coran ne pourrait parler comme cela d'un héros du texte. »

Au-delà de Noé, les héros bibliques font l'objet dans la littérature rabbinique de très nombreuses critiques. On suggère par exemple que Moïse n'était pas un très bon mari ni un excellent père… Les héros sont reconnus aussi dans leurs failles très humaines et leurs imperfections. Mais ce qui ne pose aucun problème dans le

Talmud semble impossible dans la tradition coranique : elle ne peut pas parler comme cela de ses héros ?

RB

Oui, c'est exactement cela. Dans le discours coranique, même si les prophètes peuvent avoir quelques défauts, ils ne sauraient être hors de la morale. Parmi les figures bibliques, on trouve des héros, des prophètes, des rois… qui sont choisis par Dieu malgré toutes leurs erreurs. Dans le Coran, les héros sont des gens quasiment parfaits : ils suivent parfaitement le chemin de Dieu. Cela posera problème durant le Moyen Âge musulman, dans la confrontation avec le judaïsme notamment, car les musulmans réfuteront les écrits juifs en disant que Noé, David et les autres n'ont pu commettre ce que les livres bibliques racontent, ils n'ont pu provoquer les différents scandales qui y sont exposés. Ces différents portraits d'hommes fautifs et pourtant hommes de Dieu ne sont pas conformes à la figure d'un prophète, car un prophète ne saurait s'égarer selon la doctrine musulmane.

DH

Alors que le judaïsme est fondé sur la conviction exactement inverse : les héros ont pu se tromper.

RB

C'est cette humanité qui nous les rend proches !

JLS

Est-ce que je vais trop loin si je dis qu'un « bon musulman » est quelqu'un qui accomplit des choses strictement positives ? On ne peut pas imaginer en islam une face d'ombre en l'homme, comme on le fait dans le judaïsme et le christianisme ?

RB

Les deux aspects sont présents. Les prières contiennent une demande de pardon, mais le discours coranique dominant, son anthropologie, c'est que l'homme oublie qu'il est ingrat. Ce n'est pas l'idée de l'homme bon ou mauvais qui est prégnante. On a plutôt une anthropologie assez réaliste : l'homme a tendance à s'égarer, à ne plus être solidaire. Une fois qu'il est dans l'aisance, il s'oublie. De nombreux passages du Coran expriment l'idée que l'homme repu oublie Dieu, oublie la reconnaissance, la nécessaire humilité. Et là revient l'idée de guidance : on demande à Dieu d'être guidé et de pardonner à celui qui revient vers lui. Toutes les fautes sont pardonnables, sauf une : associer à Dieu un autre, ou d'autres que lui, autrement dit le *shirk* ou péché d'« associationnisme » (4, 48), dont nous avons parlé.

Élection et imitation

JLS

Vous venez d'évoquer deux rapports très différents à Dieu, en même temps remplis de paradoxes. Je m'interroge sur les conséquences, en particulier sur l'« imitation » possible du Dieu « saint ». Me vient à l'esprit l'expression biblique bien connue : « Vous serez saint comme moi je suis saint », répétée à de nombreuses reprises dans la Torah (et notamment dans le livre du Lévitique, dans les chapitres 17-26, appelés par les exégètes « Loi de sainteté »). Delphine, comment expliquez-vous ce verset ? Est-ce qu'il vaut aussi pour l'islam ?

DH

On retrouve l'idée d'une mission particulière pour le peuple hébreu tel que la Bible le conçoit. La notion de sainteté (comme nous l'avons vu, le mot ainsi traduit pose problème) indique une séparation. Le mot hébreu *kadosh*, traduit par « saint », veut dire « mis à part », comme l'est le prêtre dans sa fonction cléricale qui le met à part. Du reste, les Hébreux sont appelés un « peuple de prêtres ». Tout comme les prêtres, ils n'ont pas de supériorité essentielle, mais une tâche spécifique à accomplir. Dieu leur confie, dans le texte, une mission particulière. C'est comme s'il leur disait : « Attention, vous avez reçu dans un langage particulier une mission universelle, une mission pour les autres. »

Ainsi s'explique aussi que le judaïsme ne soit pas prosélyte par essence : il n'est pas question que tout le monde devienne prêtre ou soit « mis à part ». En effet, si tout le monde était « mis à part » alors plus personne ne le serait. Cela n'implique pas non plus que les autres soient dans l'erreur, ou qu'ils aient besoin d'être mis dans un « chemin droit ». Simplement, il existe une alliance d'un type particulier qui nous oblige, qui nous met dans une situation de responsabilité et de devoir : cette formulation résume le sens profond de l'élection, qui n'a rien à voir avec une quelconque supériorité, comme le voudraient certains.

Je sais bien que le sens courant, hélas, de l'expression « peuple élu » indique une forme d'élitisme ou de fierté revendiquée. Mais il a surtout servi, dans l'histoire juive, d'agent de réconfort pour un peuple meurtri. Quand tant de catastrophes s'abattaient sur le peuple juif, l'idée d'une élection a parfois agi comme une source de consolation psychologique – sans le moindre impact politique, puisque les juifs n'étaient pas en position de pouvoir ou de souveraineté pour traduire en acte cette supériorité supposée ou cette élection fantasmée. À l'origine, redisons-le, l'élection relève purement du devoir, de la responsabilité. Elle engage vis-à-vis de l'humanité. En tout cas, telle est ma lecture. C'est un questionnement sur une responsabilité particulière qui interdit de se défausser, et non l'affirmation d'une quelconque supériorité.

JLS

Et pour vous, Rachid, qu'est-ce que la « sainteté » du musulman ?

RB

De même qu'il existe, dans le christianisme, toute une spiritualité et un idéal d'« imitation de Jésus-Christ », de même se sont développés, dans l'histoire de l'islam, une spiritualité et un idéal d'imitation du prophète Muhammad, lui que la tradition appelle le « beau modèle », dont j'ai déjà parlé. De ce fait, pour beaucoup de fidèles de l'islam, ce que l'on pourrait appeler le « bon musulman », c'est celui (ou celle) qui cherche à configurer sa manière de vivre à la façon de vivre du Prophète, pour autant que l'on puisse connaître celle-ci… Car elle est plus que conjecturale, comme je l'ai dit en parlant des limites de la *Sîra*, la biographie officielle du Prophète écrite deux siècles après sa mort, et du corpus des hadiths. Comme il y a des masses d'informations qui se prétendent exactes et qui sont néanmoins contradictoires sur bien des points, ceux qui veulent être les « imitateurs » les plus fidèles se retrouvent en opposition, et cela crée tous ces conflits dans lesquels s'illustrent notamment les courants salafistes. Il faut d'ailleurs ajouter que la perception du prophète Muhammad n'a pas toujours été, dans l'islam, ce que beaucoup croient et disent actuellement. Si l'on cherche dans le texte coranique ce qui nous est dit ou laissé entendre de sa personnalité, on est bien loin des constructions hagiographiques qui seront faites près de deux siècles après sa mort, et qui habitent de nos jours les imaginaires musulmans et toute une littérature pieuse apologétique.

Mais il est juste aussi de mentionner les nombreux musulmans très pieux – c'est un comportement que l'on retrouve au cours des siècles – qui ont d'abord une pratique intérieure de l'islam, qui ne cherchent pas à extérioriser leur foi dans des comportements ostentatoires, qu'ils soient vestimentaires, alimentaires ou remplis de zèle missionnaire. Ces gens ont certes le souci de respecter les préceptes de l'islam, en particulier ceux contenus dans le texte coranique. Mais avant de raisonner en pratiquants de la loi, ils ont davantage le souci de cultiver en eux le goût de Dieu, de se nourrir de la parole et de la musique coraniques, de se laisser travailler intérieurement par l'action de Dieu en eux. Même si l'islam est pour eux une « voie droite » bien balisée juridiquement, celui dont ils vivent est d'abord une source de paix intérieure, un chemin de tranquillité.

JLS

Personnellement, qu'est-ce qui vous touche dans le prophète Muhammad ?

RB

Muhammad (dont le nom n'est cité que quatre fois dans le Coran et une fois sous la forme « Ahmad ») est proposé comme « modèle » par le Coran – il deviendra le « beau modèle » à imiter dans la spiritualité musulmane. Pourquoi ? En raison de sa prédication, cet homme finit par être déchu de son identité clanique et tribale, mais il y a des qualités de patience, de persévérance, de résilience qui sont admirables et profondément humaines. Des qualités qui sont, au demeurant, associées à d'autres prophètes qui l'ont précédé, tel Abraham. Est-ce que cela en fait un « modèle parfait » ? Personnellement, ce qui me touche le plus, c'est son humanité fragile, tourmentée, telle que je la perçois en lisant le Coran.

JLS

Quand on parle du « beau modèle », c'est aux rapports avec Dieu et les hommes qu'il est fait allusion ?

RB

Évidemment. C'est dans sa manière de se mettre à l'écoute de Dieu, dans sa confiance et son obéissance, dans son humilité, dans sa clémence aussi que Muhammad est un « beau modèle » qui peut nous inspirer. Et non pas par la façon hypothétique dont il se vêtait !

DH

Il incarnerait donc une capacité de se relever – une disposition que nos traditions devraient encourager. En vous entendant, je pense à la posture de la prière musulmane. Beaucoup insistent sur la prosternation, mais la force de cette prière, c'est peut-être aussi le fait de se relever : finalement elle rejoint l'idée de la verticalisation, sauf que, dans le monde musulman, cela passe par la capacité à poser auparavant le front sur le sol. C'est là-dessus que les leaders religieux devraient construire : nos traditions nous apprennent que leurs héros sont capables de se relever, ce ne sont pas des gens qui nous écrasent avec leur perfection.

Car je reconnais que l'idée d'une perfection des héros m'interroge. C'est un poids très lourd que d'avoir un modèle parfait : on ne pourra jamais être à sa hauteur. Constater que nos héros sont imparfaits, qu'ils ne sont pas intouchables mais pris dans une vulnérabilité et une humanité faillible m'aide incontestablement.

RB

De nos jours – et il n'y a qu'à observer ce qui se passe dans nos quartiers –, un certain nombre de musulmans, de plus en plus semble-t-il, pensent que l'imitation du Prophète commence par la manière de s'habiller, de tailler sa barbe, etc. On est dans un vrai fétichisme ! Le Coran, en tout cas, ne nous dit pas comment Muhammad et Abraham s'habillaient ou devaient s'habiller ! D'ailleurs, tout laisse à penser que l'un et l'autre s'habillaient non pas avec des habits distincts, particuliers, mais comme tous les hommes de leur environnement !

Blasphème et sensibilité des croyants

JLS

Nous sommes partis de Dieu, et nous parlons de prophètes…

RB

En islam comme en judaïsme et en christianisme, il semble difficile de parler de Dieu sans parler des prophètes. Le Dieu du Coran, comme celui de la Bible, se communique aux hommes par leur entremise ! C'est, en particulier, ce qui distingue les religions biblique et coranique des religions de l'Inde, où la connaissance de l'Ultime passe davantage par des « visionnaires », les *rishis.* De fait, comment croire « directement » en Dieu, comment prétendre savoir quelque chose de lui si des « médiums », des personnages choisis par lui ne l'ont pas entendu parler ?

La médiation des prophètes a le mérite, me semble-t-il, de nous garder de la « textolâtrie », de l'idolâtrie du texte, car nous comprenons par eux qu'il y a aussi, inévitablement, une épaisseur humaine en lui. Nous avons évoqué le blasphème. Le plus grand blasphème ne réside-t-il pas dans la pensée que ma représentation de Dieu ou du Prophète, c'est à la fois le mot et la chose ? Une amie me faisait justement remarquer que la différence entre l'« islam » et l'« islamisme », c'est que, dans le premier cas, le musulman demande à Dieu de le protéger, alors que, dans le second, l'islamiste cherche à protéger Dieu. Certains – trop nombreux aujourd'hui – s'érigent en « gardes du corps » de Dieu, ils veulent faire le « service d'ordre d'Allah[1] ». Comme si celui-ci en avait besoin ! La mouvance fondamentaliste se prend pour son armée ; elle prétend tout savoir de ce que Dieu demande, et elle veut imposer sa perception à tous.

Mais que savons-nous donc de sûr sur « Dieu » ? Nous devrions considérer qu'en fait nous ne pouvons en avoir que des représentations « caricaturales », car notre langage, nos représentations, les mots que nous utilisons en donnent nécessairement une image déformée. Nous avons eu tous les débats sur les « caricatures » du Prophète qui ont été publiées dans la presse occidentale, mais, au fond, ces caricatures – que l'on peut trouver de plus ou moins bon goût – ne nous invitent-elles pas à l'exercice d'une « distance critique » salutaire ?

DH

Je suis évidemment d'accord, mais toute la question est de savoir quoi faire face à ceux qui prennent la représentation pour le tout, le fini pour l'infini. Faut-il censurer nos pensées, nos paroles ou nos journaux au prétexte qu'ils s'offusquent ? Faut-il couvrir leur idolâtrie d'un voile de respectabilité au prétexte de protéger la sensibilité de ceux qui s'y égarent ? Je m'y refuse. À un moment, il faut admettre que la responsabilité religieuse passe par une violence, non pas contre les êtres, mais contre certaines croyances qui les enferment. De même qu'il faut parfois faire violence au texte pour ne pas faire violence aux hommes, il faut parfois faire violence à des croyances pour le bien des croyants ou, en tout cas, ne pas collaborer

1. Samira El Ayachi, *Cendrillon rêve de porter le niqab*, pièce de théâtre non publiée.

à ce blasphème. Car oui, c'est de blasphème dont il est question. Le blasphème de croire Dieu si petit qu'il aurait besoin d'être défendu, comme je l'ai dit, d'imaginer le divin s'offusquer d'une caricature ou attendre de nous que nous vengions son honneur bafoué. Le vrai blasphème est là, dans la réduction de Dieu à peu de chose, à une fragile représentation dont nous serions les gardes du corps.

JLS

Votre définition du blasphème est tout de même très paradoxale !

DH

Non, je ne crois pas, mais certains l'accuseront d'être quelque peu « élitiste » ou de ne pas prendre en compte la « foi du charbonnier ». Et on arrive là à une certaine impasse. Pourquoi tout ce dont nous avons parlé peut-il être dit ici, comme lors d'un colloque universitaire ou au cœur d'une conversation académique, mais si peu dans les lieux de culte ? Pourquoi suppose-t-on si souvent que les fidèles ne seraient pas prêts à entendre ces pensées critiques et à vivre pleinement avec elles ou malgré elles leur vie spirituelle ?

J'ai la chance d'officier dans une synagogue de sensibilité libérale où, me semble-t-il, l'histoire, la science et la lecture critique des textes trouvent leur place. Mais je suis consciente que je ne pourrais sans doute pas tenir ce discours n'importe où. Et il me semble, hélas, que la censure est plus forte encore dans les mosquées. Rachid, pourriez-vous « prêcher » tout ce que nous avons dit, et tenir ces mêmes propos, au cœur d'une mosquée en France aujourd'hui ?

RB

Heureusement, l'islam ne se vit pas que dans les mosquées ! À l'intérieur des espaces cultuels, en effet, surtout dans le monde d'aujourd'hui où les musulmans ont largement le sentiment qu'ils se retrouvent comme dans une citadelle assiégée, il s'avère difficile de faire entendre une parole critique, une parole qui ne caresse pas les gens dans le sens du poil – une parole à rebrousse-poil ! –, une parole qui ne soit pas lénifiante, apologétique, rassurante. Il y a, de surcroît, tellement de « gardes du corps de Dieu » qui sont aux aguets, prêts à dénoncer le « blasphémateur » et désireux d'en découdre ! Mais beaucoup de musulmans se posent des questions, et quand ils ont l'occasion de partager leurs interrogations, ils en sont heureux. Personnellement, je n'interviens guère dans des mosquées ; il est rare que l'on m'invite et je ne cherche pas à l'être, car je ne pense pas que mon rôle soit d'avoir un « contre-discours » par rapport aux imams ni de rivaliser avec eux ! Je suis un chercheur ; j'inscris mon travail dans une démarche académique. Ce que je produis est destiné à qui veut s'en servir, à qui y trouve des outils utiles à l'intelligence du texte coranique. Je n'ai pas prétention à imposer mon approche ! Je ne suis pas un nouveau « docteur de la loi » ! Mais si des imams trouvent dans mes travaux des éléments utiles à l'entretien de leur réflexion, des éléments leur permettant une compréhension du Coran qui leur soit profitable et profitable à leurs dirigés, je ne peux que m'en réjouir.

Je comprends bien la question de Delphine. Son statut de rabbin dans le judaïsme libéral fait qu'elle est à la fois une érudite en charge d'enseignement et une ministre du culte. Dans le judaïsme – et, aussi, dans le christianisme occidental contemporain –, on a l'habitude du travail sur le texte, de la « mise en questions » du texte. Ce n'est pas (encore !) le cas dans l'islam où le travail sur le texte, où le « corps-à-corps » avec lui n'est pas une tradition et n'est pas encouragé.

En ce qui me concerne, vous l'aurez compris, il est très important de retourner au texte, de désacraliser les représentations héritées de l'histoire, en montrant comment elles se sont construites. Mais il faut que l'approche historique et critique aille de pair avec une infinie tendresse pour les croyants. Et il est nécessaire d'être toujours respectueux du « là où les gens en sont », à la fois parce que chacun a le droit de marcher à son rythme, et aussi parce qu'il n'y a pas de transmission sans pédagogie.

Quel dialogue interreligieux ?

JLS

Est-ce que le dialogue interreligieux aurait, éventuellement, un intérêt supplémentaire pour vous dans ce contexte de durcissement des orthodoxies, des identités, de la pureté (des origines) ? Est-il important, intéressant – ou secondaire, voire inutile ? Comment faudrait-il le mener ? Est-ce qu'une « sainte alliance » (revue et corrigée, bien sûr) est souhaitable ?

RB

Évidemment, toutes les tentatives pour que les gens de foi et de convictions différentes se rencontrent, se parlent sont à encourager. Mais il faut sortir des réunions « gentillettes » dont un certain nombre de groupes se satisfont, au risque, d'ailleurs, de renforcer des conceptions piétistes aliénantes, parfois même obscurantistes, de la religion. C'est pourquoi je dis régulièrement aux bonnes volontés du dialogue que je croise : « Passez de la conversation trop polie au travail interreligieux ! » Et quand je dis « travail », c'est, de ma part, une incitation à travailler ensemble sur nos textes fondateurs, une incitation à travailler sur les textes « de l'autre ».

Depuis quelques années je participe, en France et au Maroc, à l'animation de sessions intitulées « Lire les Écritures », organisées par le mouvement « Vie nouvelle », avec le rabbin Yeshaya Dalsace, du courant Massorti, et la pasteure protestante Nicole Fabre. Le rabbin ou la pasteure (ou moi quand c'est mon tour) propose un texte à tous les participants (une cinquantaine, appartenant à des confessions religieuses différentes) pour qu'ils travaillent dessus, d'abord seuls puis en groupe, en se servant des indications données au départ. Au bout de ce temps de travail, tous confrontent leurs lectures, et ainsi se met en place un « espace textuel ». Cela amène chacun à mettre au clair son orthodoxie et à comprendre ce que croient les autres. Il faut partir du principe que nos religions sont comme des langues, et qu'il est nécessaire de faire l'effort d'apprendre celle de l'autre.

Parmi les autres pistes à creuser, me paraît également très importante l'ouverture aux autres dans la formation des enseignants religieux : rabbins, prêtres, pasteurs et imams. Il faut que les uns et les autres aillent voir comment leurs « alter ego » des autres religions travaillent. Les imams, en France, sont très probablement ceux qui, pour l'instant, ont le moins de possibilités de faire l'expérience de l'altérité. Or, quelle richesse cela représenterait si une femme rabbin comme Delphine pouvait leur dire : « Voilà comment, au sein de la tradition juive du mouvement libéral, on pense les textes. » Cela les obligerait à concevoir le judaïsme sans passer par le prisme islamique ou celui des médias. Cela leur permettrait de le voir à partir de ce que l'autre, juif et femme, en dit.

JLS

Cela suppose quand même une sorte d'abnégation ou de renoncement préalable à quelques convictions ancrées et une ouverture à ce qui est nouveau et surprenant chez les autres.

RB

Bien entendu, quand on entre dans la dynamique d'un tel travail, il faut sortir de l'idée que nous détenons la vérité. Sinon on aura toujours tendance à voir dans l'autre un inférieur, et planera toujours le soupçon d'une volonté secrète de le ramener à soi. C'est pour cela, entre autres, que je privilégie le travail sur les textes par rapport à d'autres expressions possibles du dialogue interreligieux. C'est un moyen de ne pas se montrer condescendant à l'égard de l'autre.

Je prends un exemple : de nos jours, l'immense majorité des exégètes chrétiens occidentaux, la majorité des prêtres et des pasteurs, considère, compte tenu de tout ce que les découvertes scientifiques nous ont appris sur le long processus qui a abouti à l'apparition de l'homme, que les figures d'Adam et d'Ève sont des constructions mythiques qui symbolisent dans leurs personnes les premiers humains en marche vers l'humanité que nous connaissons – la nôtre. Or, ce n'est pas la doctrine de l'islam orthodoxe, qui demeure créationniste, comme les fondamentalistes protestants américains, et qui refuse toute théorie scientifique évolutionniste ! Je connais des chrétiens qui, lorsque des musulmans racontent devant eux l'histoire d'Adam et Ève comme s'il s'agissait de personnages historiques, se taisent pour ne pas risquer de polémiquer, mais n'en pensent pas moins ! Or, en travaillant ensemble sur les textes, chacun peut dire en vérité ce qu'il a reçu de sa tradition, l'expliciter, sans que cela paraisse offensant pour l'autre.

Mais je constate aussi – et de plus en plus – que certaines initiatives dans le domaine interreligieux visent à conforter les conservatismes des uns et des autres. Dans le contexte de déchristianisation accélérée de l'Europe, on voit se lever de nouvelles générations de militants chrétiens (catholiques et évangéliques) qui se disent que les relations interreligieuses, surtout avec certains milieux musulmans, à la fois conservateurs et modernes comme les courants Frères musulmans, représentent une opportunité pour revendiquer plus de place pour le religieux dans l'espace public. Une sorte d'alliance des conservatismes en face de la République considérée comme antireligieuse ! Ces chrétiens partagent avec les conservateurs musulmans l'idée que, si on commence à déconstruire le corpus des représentations islamiques, la sécularisation de l'islam qui en découlera ne permettra plus de trouver chez les musulmans des partenaires utiles dans le rapport de force avec le monde séculier.

JLS

Oui, c'est vrai qu'on entend certains chrétiens dire : « Regardez, au moins les musulmans n'ont pas honte de leur religion ! » Ils veulent dire que les musulmans ne se cachent pas pour affirmer publiquement leur foi personnelle ou collective.

DH

Comme si l'on devait mener une croisade commune contre la sécularisation !

RB

Le mot « croisade » est un peu fort, mais je confirme : il y a, dans la société française, des mouvements qui entretiennent un « esprit de croisade » (un comble pour des musulmans !) contre la sécularisation, voire contre les équilibres péniblement mis en place pour le « vivre en paix ensemble » dans la République laïque.

JLS

En vous écoutant, je pensais qu'un des reproches souvent faits au dialogue interreligieux, c'est d'atténuer les différences, de passer outre trop vite.

RB

Le principal reproche qui est fait au dialogue interreligieux tel qu'il se développe depuis surtout une cinquantaine d'années, c'est en effet de favoriser le « relativisme », de donner le sentiment que peu importe qu'on croie ou qu'on ne croie pas que le peuple juif est le peuple de l'élection, que Jésus de Nazareth est fils de Dieu, que le Coran est pure parole de Dieu déversée miraculeusement dans le cœur de Muhammad. L'important serait que l'on ait le sens de Dieu, quoi qu'on dise de lui, et que tous les hommes soient respectés dans leurs différences. La doctrine serait moins importante que la manière dont chacun se comporte… Il faut se méfier de ce risque de relativisme, car il aboutit à un affadissement de la foi, à une sorte de « nivellement par le bas » des édifices intellectuels et spirituels laborieusement élaborés au cours des siècles. Quand je parle de nécessité de travailler ensemble sur les textes, c'est au nom d'une prise au sérieux de nos différences, convaincu que ces différences nous font aussi avancer à l'intérieur même de notre héritage. Je rejette, évidemment, moi aussi, les « bricolages » faussement consensuels.

JLS

De toute façon, tout le monde n'est pas au même niveau de connaissance, de conviction, d'appartenance dans notre société dite « multi »…

RB

Bien entendu, tout le monde ne peut pas vivre le même type de « dialogue » ou le même type de « travail » interreligieux ! Les gens n'ont pas les mêmes parcours, les mêmes bagages intellectuels, les mêmes expériences spirituelles. Les niveaux de langue existent, et il faut savoir ce qu'on peut dire, avec quels mots dans quels groupes. On ne s'adresse pas aux simples lecteurs ou curieux des textes religieux comme aux érudits.

Cela étant, on peut être savant et faire un usage pervers de sa science ! Je pense à plusieurs intellectuels français qui ont une connaissance réelle de l'islam, de ses textes, de son histoire, mais l'utilisent pour le déprécier et le dénigrer. Pour eux, il n'y aurait pas d'« islam ouvert », d'« islam tolérant », d'« islam dialoguant en sincérité »... Ils sont à présent nombreux à se manifester sur la scène publique et ils gagnent de l'audience. Ces gens, auxquels on doit ajouter les polémistes non religieux ouvertement hostiles à l'islam, nous font entrer dans des logiques de violence, une violence verbale qui, un jour, pourrait se décliner en violences physiques. Ne sous-estimons pas le rôle des intellectuels dans les mouvements d'opinion, surtout quand ces intellectuels ont accès aux plateaux de télévision et savent se servir des moyens offerts par Internet ! Des siècles de discours de mépris chrétien envers les juifs ont conduit à la Shoah !

DH

Rachid décrit très bien les écueils d'un certain dialogue interreligieux : soit on exacerbe les différences, soit on les gomme à l'excès. Pour le dire autrement, soit on essaie de convaincre l'autre que notre propre pensée a une supériorité par rapport à la sienne, soit on lui explique – et c'est encore plus vicieux – qu'il fait « de la prose sans le savoir », c'est-à-dire qu'il est déjà des nôtres mais ne le reconnaît pas encore. Par exemple, lorsqu'un chrétien dit à son interlocuteur que ce qu'il explique est déjà dans les Évangiles, c'est une façon de lui signifier : quand on n'est pas d'accord, c'est que tu as tort ; et quand on est d'accord, c'est que je t'ai déjà un peu converti. C'est insupportable !

Je suis d'accord avec Rachid : un dialogue interreligieux n'a de sens que si c'est un travail, avec une confrontation des termes et du langage, de tout ce qui n'est pas nommé de la même façon chez l'un ou chez l'autre. J'ai beaucoup aimé le travail que nous avons fait un jour ensemble pour le magazine *Tenou'a*, en lisant en parallèle la sourate 37 et le chapitre 22 de la Genèse sur le sacrifice d'Isaac ou d'Ismaël. Nos traditions ne lisent pas du tout de la même manière ce passage si central et controversé. Dans le Coran, Abraham et son fils dialoguent ensemble sur le bien-fondé de l'obéissance à Dieu et agissent de concert. Dans la Bible, au contraire, Abraham ne dit rien à son fils et cet épisode va d'une certaine manière les couper l'un de l'autre pour toujours. On le voit : les histoires se ressemblent, mais les messages véhiculés sont très différents. Souvent, les paroles et les mots ne veulent pas dire la même chose, dans un langage et dans l'autre. On le ressent dans le dialogue interreligieux : quand un chrétien utilise le mot « foi », un juif peine souvent à comprendre ce qu'il veut dire. Quand un musulman utilise le mot « soumission », un chrétien n'est pas sûr de voir où il veut en venir. C'est ce décalage de sens qui est passionnant et nous invite à un exercice permanent de traduction mutuelle, comme si les mots de nos amis étaient toujours des faux amis.

Je pense aussi que la formation des prêtres, des rabbins et des imams pourrait préparer à cet exercice de traduction et développer l'écoute de la langue étrangère. Souvent nous *imaginons* comment nos mots résonnent pour les autres, mais en réalité nous ignorons comment ils les entendent réellement. La religion de l'autre ne peut être ma langue maternelle, mais rien n'est pire que le monolinguisme.

Cela dit, une autre difficulté à laquelle je me heurte concerne non pas le dialogue interreligieux, mais la discussion *intrareligieuse* – sur laquelle je ne peux faire l'impasse. Je dois admettre qu'avec Rachid la conversation est beaucoup plus facile qu'avec certains membres de ma propre famille religieuse, tout particulièrement avec une certaine orthodoxie rigide qui rejette l'idée même d'une sensibilité juive progressiste ou libérale. Souvent aujourd'hui, il faut bien le reconnaître, le point de rupture du dialogue n'est pas entre les croyants et les non-croyants, il n'est pas même pas entre une tradition religieuse et une autre : il est au sein même de nos traditions, entre, d'une part, ceux qui sont capables d'interroger le texte et l'histoire, de questionner l'ambiguïté des mots, d'admettre que personne n'a de propriété sur leur sens absolu et de tolérer d'autres rapports à la Loi que le leur... et, d'autre part, ceux qui considèrent qu'ils sont propriétaires de la vérité, et seuls héritiers fidèles d'une tradition ancestrale.

JLS

Il y aurait donc aujourd'hui un autre partage des convictions ou de la parole/du dialogue ?

RB

Dans le monde islamique contemporain, l'ouverture au dialogue et au travail interreligieux ne va pas de soi, car beaucoup de musulmans ont le sentiment que leur religion, en Occident surtout, se trouve dans la situation d'une citadelle assiégée. Ils ont peur qu'en entrant en relation avec les non-musulmans ils se fassent manipuler, et aussi qu'ils contribuent aux divisions à l'intérieur de la communauté musulmane, cette *umma* tant idéalisée. En outre, depuis quelques années, les accusations d'impiété, de trahison, de « mécréance » se sont multipliées parmi les musulmans, sans doute à un niveau encore jamais atteint dans l'histoire de l'islam, ce qui rend les fidèles méfiants et prudents. Ils ont peur de provoquer de nouvelles *fitna*, cette grande rupture entre chiites et sunnites qui a marqué les débuts de l'islam, et qui reste comme une blessure toujours susceptible d'être ravivée. Cela explique qu'il leur est parfois plus facile d'ouvrir leurs questionnements à des personnes qui vivent une autre foi qu'eux.

Dans le grand « village planétaire » qu'est devenu le monde, maintenant que nous sommes en contact les uns avec les autres comme jamais auparavant, nos traditions ne nous appartiennent plus entièrement : elles appartiennent aussi aux autres, à ceux qui n'en font pas partie, mais qui s'intéressent fortement à elles. Comment, à l'intérieur de nos communautés, faire de la place à l'altérité de celui qui n'y est pas inscrit ? Un beau défi pour aujourd'hui et, plus encore, pour demain !

DH

La vérité n'est en effet la propriété de personne, et nos traditions proposent des chemins différents pour s'en approcher. Celui qui dit la posséder est prêt à détruire le monde à coups de certitudes.

JLS

Cette conclusion, à la fois lucide et combative, me semble bien résumer la tonalité de nos entretiens.

Des mêmes auteurs

Delphine Horvilleur

En tenue d'Ève
Féminin, pudeur et judaïsme
Grasset, 2013

Comment les rabbins font les enfants
Sexe, transmission et identité dans le judaïsme
Grasset, 2015

Rachid Benzine

Nous avons tant de choses à nous dire
Pour un vrai dialogue entre chrétiens et musulmans
(avec Christian Delorme)
Albin Michel, 1997, 1998

Coran, mode d'emploi
(préface)
De F. Esack
Albin Michel, 2004

Les Nouveaux Penseurs de l'islam
Albin Michel, 2004, 2008

Larousse des religions
(Les parties consacrées à l'islam. Ouvrage réuni sous la direction de Henri Tincq)
Larousse, 2005

Mohammed Arkoun
La Construction humaine de l'islam
(entretiens avec Rachid Benzine et Jean-Louis Schlegel,
préface d'Edgar Morin)
Albin Michel, 2012

Le Coran expliqué aux jeunes
Seuil, 2013 ; édition remise à jour, 2016

La République, l'Église et l'islam
Une révolution française
(avec Christian Delorme)
Bayard, 2016

Nour, pourquoi n'ai-je rien vu venir ?
(roman)
Seuil, 2016

Finalement, il y a quoi dans le Coran ?
(avec Ismaël Saidi)
La Boîte à Pandore, 2017

Table

Ouverture. Pourquoi ce livre ? 7

Chapitre 1. Quand l'histoire bouscule la tradition . 13
Chapitre 2. Loi, liberté, identité 63
Chapitre 3. S'arracher à la terre des origines 99
Chapitre 4. La laïcité 127
Chapitre 5. Femmes et hommes 143
Chapitre 6. Filiation et transmission 169
Chapitre 7. Vérité, violence et Dieu exclusif 189
Chapitre 8. De quel Dieu parlons-nous ? 207

RÉALISATION : IGS-CP À L'ISLE-D'ESPAGNAC
ACHEVÉ D'IMPRIMER SUR ROTO-PAGE
PAR L'IMPRIMERIE FLOCH À MAYENNE
DÉPÔT LÉGAL : OCTOBRE 2017. N° 134930 (91662)
IMPRIMÉ EN FRANCE